铁路改革研究丛书

全面深化铁路改革研究：总体构想与实施路线

左大杰 等 著

西南交通大学出版社
·成 都·

图书在版编目（CIP）数据

全面深化铁路改革研究：总体构想与实施路线／左
大杰等著. 一成都：西南交通大学出版社，2020.6
（铁路改革研究丛书）
ISBN 978-7-5643-7444-0

Ⅰ．①全… Ⅱ．①左… Ⅲ．①铁路运输 – 经济体制改
革 – 研究 – 中国 Ⅳ．①F532.1

中国版本图书馆 CIP 数据核字（2020）第 097822 号

铁路改革研究丛书
Quanmian Shenhua Tielu Gaige Yanjiu：Zongti Gouxiang yu Shishi Luxian
全面深化铁路改革研究：总体构想与实施路线

左大杰 等 著

责 任 编 辑	周　杨	
助 理 编 辑	宋浩田	
封 面 设 计	曹天擎	
出 版 发 行	西南交通大学出版社	
	（四川省成都市金牛区二环路北一段 111 号	
	西南交通大学创新大厦 21 楼）	
发行部电话	028-87600564　028-87600533	
邮 政 编 码	610031	
网　　　址	http://www.xnjdcbs.com	
印　　　刷	四川煤田地质制图印刷厂	
成 品 尺 寸	170 mm×230 mm	
印　　　张	12.5	
插　　　页	1	
字　　　数	183 千	
版　　　次	2020 年 6 月第 1 版	
印　　　次	2020 年 6 月第 1 次	
书　　　号	ISBN 978-7-5643-7444-0	
定　　　价	88.00 元	

总 序

我国铁路改革始于 20 世纪 70 年代末。在过去的 40 多年里，铁路的数次改革均因铁路自身的发展不足或改革的复杂性而搁置，铁路改革已大大滞后于国家的整体改革和其他行业改革，因而铁路常被称为"计划经济最后的堡垒"。2013 年 3 月，国家铁路局和中国铁路总公司①（以下简称铁总）分别成立，我国铁路实现了政企分开，铁路管理体制改革再一次成为行业研究的热点。

以中国共产党第十八届中央委员会第三次全体会议（简称中共十八届三中全会）为标志，全面深化铁路改革已经站在新的历史起点上。在新的时代背景下，全面深化铁路改革，必须充分考虑当前我国的国情、路情及铁路行业发展中新的关键问题，并探索解决这些关键问题的方法。经过较长时间的调研与思考，作者认为当前深化铁路改革必须解决如下 12 个关键问题。

第一，铁路国家所有权政策问题。国家所有权政策是指有关国家出资和资本运作的公共政策，是国家作为国有资产所有者要实现的总体目标，以及国有企业为实现这些总体目标而制定的实施战略。目前，如何处理国家与铁路之间的关系，如何明确国有经济在铁路行业的功能定位与布局，以及国有经济如何在铁路领域发挥作用，是全面深化铁路改革在理论层面的首要关键问题。

第二，铁路网运关系问题。铁路网运合一、高度融合的经营管理体制，是阻碍社会资本投资铁路的"玻璃门"，也是铁路混合所有制难以推进、公益性补偿机制难以形成制度性安排的根源，因而是深化铁路改革难以逾越的体制性障碍。如何优化铁路网运关系，是全面深化铁路改

---

① 2019 年 6 月 18 日，中国铁路总公司正式改制挂牌成立中国国家铁路集团有限公司。

革在实践层面的首要关键问题。

第三，铁路现代企业制度问题。中共十八届三中全会明确提出，必须适应市场化、国际化的新形势，进一步深化国有企业改革，推动国有企业完善现代企业制度。我国铁路除了工程、装备领域企业之外，铁总及所属18个铁路局①、3个专业运输公司绝大多数均尚未建立起完善且规范的现代企业制度，公司制、股份制在运输主业企业中还不够普及。

第四，铁路混合所有制问题。发展铁路混合所有制不仅可以提高铁路国有企业的控制力和影响力，还能够提升铁路企业的竞争力。当前②我国铁路运输主业仅有3家企业（分别依托3个上市公司作为平台）具有混合所有制的特点，铁总及其所属企业国有资本均保持较高比例甚至达到100%，铁路国有资本总体影响力与控制力极弱。

第五，铁路投融资体制问题。"铁路投资再靠国家单打独斗和行政方式推进走不动了，非改不可。投融资体制改革是铁路改革的关键，要依法探索如何吸引社会资本参与。"③虽然目前从国家、各部委到地方都出台了一系列鼓励社会资本投资铁路的政策，但是效果远不及预期，铁路基建资金来源仍然比较单一，阻碍社会资本进入铁路领域的"玻璃门"依然存在。

第六，铁路债务处置问题。铁总在政企分开后承接了原铁道部的资产与债务，这些巨额债务长期阻碍着铁路的改革与发展。2016年，铁总负债已达4.72万亿元（较上年增长15%），当年还本付息就达到6 203亿元（较上年增长83%）；随着《中长期铁路网规划（2016—2030）》（发改基础〔2016〕1536号）的不断推进，如果铁路投融资体制改革不能取得实质性突破，铁路债务总体规模将加速扩大，铁路债务风险将逐步累积。

---

① 2017年7月"铁路改革研究丛书"第一批两本书出版时，18个铁路局尚未改制为集团有限公司，为保持丛书总序主要观点一致，此次修订仍然保留了原文的表述方式（类似情况在丛书总序中还有数处）。

② 此处是指2017年7月"铁路改革研究丛书"第一批两本书出版的时间。截至本丛书总序此次修订时，铁路混合所有制已经取得了积极进展，但是铁路国有资本总体影响力与控制力仍然较弱。

③ 2014年8月22日，国务院总理李克强到中国铁路总公司考察时做出上述指示。

第七，铁路运输定价机制问题。目前，铁路运输定价、调价机制还比较僵化，适应市场的能力还比较欠缺，诸多问题导致铁路具有明显技术优势的中长途以及大宗货物运输需求逐渐向公路运输转移。建立科学合理、随着市场动态调整的铁路运价机制，对促进交通运输供给侧结构性改革、促进各种运输方式合理分工具有重要意义。

第八，铁路公益性补偿问题。我国修建了一定数量的公益性铁路，国家铁路企业承担着大量的公益性运输。当前铁路公益性补偿机制存在制度设计缺失、补偿对象不明确、补偿方式不完善、补偿效果不明显、监督机制缺乏等诸多问题。公益性补偿机制设计应从公益性补偿原理、补偿主体和对象、补偿标准、保障机制等方面入手，形成一个系统的制度性政策。

第九，铁路企业运行机制问题。目前，国家铁路企业运行机制仍受制于铁总、铁路局两级法人管理体制，在前述问题得到有效解决之前，铁路企业运行的有效性和市场化不足。而且，铁总和各铁路局目前均为全民所有制企业，实行总经理（局长）负责制，缺少现代企业制度下分工明确、有效制衡的企业治理结构，决策与执行的科学性有待进一步提高。

第十，铁路监管体制问题。铁路行业已于 2013 年 3 月实现了政企分开，但目前在市场准入、运输安全、服务质量、出资人制度、国有资产保值/增值等方面的监管还比较薄弱，存在监管能力不足、监管职能分散等问题，适应政企分开新形势的铁路监管体制尚未形成。

第十一，铁路改革保障机制问题。全面深化铁路改革涉及经济社会各方面的利益，仅依靠行政命令等形式推进并不可取。只有在顶层设计、法律法规、技术支撑、人力资源以及社会舆论等保障层面形成合力，完善铁路改革工作保障机制，才能推进各阶段工作的有序进行。目前，铁路改革的组织领导保障、法律法规保障、技术支撑保障、人力资源保障、社会舆论环境等方面没有形成合力，个别方面还十分薄弱。

第十二，铁路改革目标路径问题。中共十八届三中全会以来，电力、通信、油气等关键领域改革已取得重大突破，但关于铁路改革的顶层设计尚未形成或公布。个别非官方的改革方案对我国国情与铁路的实际情况缺乏全面考虑，并对广大铁路干部职工造成了较大困扰。

"十三五"是全面深化铁路改革的关键时期，当前亟须结合我国铁路实际研讨并确定铁路改革的目标与路径。

基于上述对铁路改革发展12个关键问题的认识，作者经过广泛调研并根据党和国家有关政策，初步形成了一系列研究成果，定名为"铁路改革研究丛书"，主要包括12本专题和3本总论。

（1）《铁路国家所有权政策研究》：铁路国家所有权政策问题是全面深化铁路改革在理论层面的首要关键问题。本书归纳了国外典型行业的国家所有权政策的实践经验及启示，论述了我国深化国有企业改革过程中在国家所有权政策方面的探索，首先阐述了铁路国家所有权政策的基本概念、主要特征和内容，然后阐述了铁路的国家所有权总体政策，并分别阐述了铁路工程、装备、路网、运营、资本等领域的国家所有权具体政策。

（2）《铁路网运关系调整研究》：铁路网运关系调整是全面深化铁路改革在实践层面的首要关键问题。本书全面回顾了国内外网络型自然垄断企业改革的成功经验（特别是与铁路系统相似度极高的通信、电力等行业的改革经验），提出了"路网宜统、运营宜分、统分结合、网运分离"的网运关系调整方案，并建议网运关系调整应坚持以"顶层设计+自下而上"的路径进行。

（3）《铁路现代企业制度研究》：在现代企业制度基本理论的基础上，结合国外铁路现代企业制度建设的相关经验和国内相关行业的各项实践及其启示，立足于我国铁路建立现代企业制度的现状，通过理论研究与实践分析相结合的方法，提出我国铁路现代企业制度建设的总体思路和实施路径，包括铁总改制阶段、网运关系调整阶段的现代企业制度建设以及现代企业制度的进一步完善等实施路径。

（4）《铁路混合所有制研究》：我国国家铁路企业所有制形式较为单一，亟须通过混合所有制改革扩大国有资本控制力，扩大社会资本投资铁路的比例，但是网运合一、高度融合的体制是阻碍铁路混合所有制改革的"玻璃门"。前期铁路网运关系的调整与现代企业制度的建立为铁路混合所有制改革创造了有利条件。在归纳分析混合所有制政策演进以及企业实践的基础上，阐述了我国铁路混合所有制改革的总体思路、实施路径、配套措施与保障机制。

（5）《铁路投融资体制研究》：以铁路投融资体制及其改革为研究对象，探讨全面深化铁路投融资体制改革的对策与措施。在分析我国铁路投融资体制改革背景与目标的基础上，借鉴了其他行业投融资改革实践经验，认为铁路产业特点与网运合一体制是阻碍社会资本投资铁路的主要原因。本书研究了投资决策过程、投资责任承担和资金筹集方式等一系列铁路投融资制度，并从投融资体制改革的系统性原则、铁路网运关系调整（基于统分结合的网运分离）、铁路现代企业制度的建立、铁路混合所有制的建立等方面提出了深化铁路投融资体制改革的对策与措施。

（6）《铁路债务处置研究》：在分析国内外相关企业债务处置方式的基础上，根据中共十八大以来党和国家国有企业改革的有关政策，提出应兼顾国家、企业利益，采用"债务减免""债转资本金""债转股""产权（股权）流转"等措施合理处置铁路巨额债务，并结合我国国情、路情以及相关政策，通过理论研究和实践分析，提出了我国铁路债务处置的思路与实施条件。

（7）《铁路运输定价机制研究》：在铁路运价原理的基础上阐述价值规律、市场、政府在铁路运价形成过程中的作用，阐述了成本定价、竞争定价、需求定价3种方式及其适用范围，研究提出了针对具有公益性特征的路网公司采用成本导向定价，具有商业性特征的运营公司采用竞争导向定价的运价改革思路。

（8）《铁路公益性补偿机制研究》：分析了当前我国铁路公益性面临补贴对象不明确、补贴标准不透明、制度性安排欠缺等问题，认为公益性补偿机制设计应从公益性补偿原理、补偿主体和对象、补偿标准、保障机制等方面形成一个系统的制度性政策，并从上述多个层面探讨了我国铁路公益性补偿机制建立的思路和措施。

（9）《铁路企业运行机制研究》：国家铁路企业运行机制仍受制于铁总、铁路局两级法人管理体制，企业内部缺乏分工明确、有效制衡的企业治理结构。在归纳分析国外铁路企业与我国典型网络型自然垄断企业运行机制的基础上，提出了以下建议：通过网运关系调整使铁总"瘦身"成为路网公司；通过运营业务公司化，充分发挥运输市场竞争主体、网运关系调整推动力量和资本市场融资平台三大职能；通过进一步规范公司治理和加大改革力度做强、做优铁路工程与装备行业；从日益壮大的国有资本与国有经济中获得资金或资本，建立铁路国有资本投资运营公司，以铁路国资改革促进铁路国企改革。

（10）《铁路监管体制研究》：通过分析我国铁路监管体制现状及存在的问题，结合政府监管基础理论及国内外相关行业监管体制演变历程与经验，提出我国铁路行业监管体制改革的总体目标、原则及基本思路，并根据监管体制设置的一般模式，对我国铁路监管机构设置、职能配置及保障机制等关键问题进行了深入分析，以期为我国铁路改革提供一定的参考。

（11）《铁路改革保障机制研究》：在分析我国铁路改革的背景及目标的基础上，从铁路改革的顶层设计、法律保障、政策保障、人才保障和其他保障等方面，分别阐述其现状及存在的问题，并借鉴其他行业改革保障机制实践经验，结合国外铁路改革保障机制的实践与启示，通过理论研究和分析，提出了完善我国铁路改革保障机制的建议，以保证我国铁路改革相关工作有序推进和持续进行。

（12）《铁路改革目标与路径研究》：根据党和国家关于国企改革的一系列政策，首先提出了铁路改革的基本原则（根本性原则、系统性原则、差异性原则、渐进性原则、持续性原则），然后提出了我国铁路改革的目标和"六步走"的全面深化铁路改革路径，并对"区域分割""网运分离""综合改革"3个方案进行了比选，最后从顶层设计、法律保障、人才支撑等方面论述了铁路改革目标路径的保障机制。

在12个专题的基础上，作者考虑到部分读者的时间和精力有限，将全面深化铁路改革的主要观点和建议进行了归纳和提炼，撰写了3本总论性质的读本：《全面深化铁路改革研究：总论》《全面深化铁路改革研究：N问N答》《全面深化铁路改革研究：总体构想与实施路线》。其中，《全面深化铁路改革：N问N答》一书采用一问一答的形式，对铁路改革中的一些典型问题进行了阐述和分析，方便读者阅读。

本丛书的主要观点和建议，均为作者根据党和国家有关政策并结合铁路实际展开独立研究而形成的个人观点，不代表任何机构或任何单位的意见。

感谢西南交通大学交通运输与物流学院为丛书研究提供的良好学术环境。丛书的部分研究成果获得西南交通大学"中央高校基本科研业务费科技创新项目"（26816WCX01）的资助。本丛书中《铁路投融资体制研究》《铁路债务处置研究》两本书由西南交通大学中国高铁发展战略研究中心资助出版（2017年），《铁路国家所有权政策研究》（2682018WHQ01）（2018年）、《铁路现代企业制度研究》（2682018WHQ10）（2019年）两本书由西南交通大学"中央高校基本科研业务费文科科研项目"后期资助项目资助出版。感谢中国发展出版社宋小凤女士、西南交通大学出版社诸位编辑在本丛书出版过程中给予的大力支持和付出的辛勤劳动。

本丛书以铁路运输领域理论工作者、政策研究人员、政府部门和铁路运输企业相关人士为主要读者对象，旨在为我国全面深化铁路改革提供参考，同时也可供其他感兴趣的广大读者参阅。

总体来说，本丛书涉及面广，政策性极强，实践价值高，写作难度很大。但是，考虑到当前铁路改革发展形势，迫切需要出版全面深化铁路改革系列丛书以表达作者的想法与建议。限于作者知识结构水平以及我国铁路改革本身的复杂性，本丛书难免有尚待探讨与诸多不足之处，恳请各位同行专家、学者批评指正（意见或建议请通过微信/QQ：54267550发送给作者），以便再版时修正。

左大杰

西南交通大学

2019 年 3 月 1 日

前　言

　　铁路行业作为国民经济基础性、战略性和先导性产业，在全面深化改革的时代背景下，深化铁路改革已经成为一系列国家重要战略（倡议）的共同关注点。在这一新的时代背景下，全面深化铁路改革已经成为一个重大现实问题，具体可概括为12个亟须解决的关键问题：（1）铁路国家所有权政策问题；（2）铁路网运关系问题；（3）铁路现代企业制度问题；（4）铁路混合所有制问题；（5）铁路投融资体制问题；（6）铁路债务处置问题；（7）铁路运输定价机制问题；（8）铁路公益性补偿问题；（9）铁路企业运行机制问题；（10）铁路监管体制问题；（11）铁路改革保障机制问题；（12）铁路改革目标路径问题。

　　作者以党和国家相关政策为指导，通过广泛调研和深入思考，紧紧围绕上述12个关键问题开展研究，初步形成了一系列研究成果，定名为"铁路改革研究丛书"，共包括12个专题和3本总论。《全面深化铁路改革研究：总体构想与实施路线》是"铁路改革研究丛书"的3本总论之一。

　　本书提炼并概括全面深化铁路改革12个关键问题的主要解决思路，明确当前铁路改革所处的历史方位、面临的关键问题、亟须完成的突出任务，最终整理形成全面深化铁路改革路线图，体现的是一整套的铁路改革方案实施计划部署。

　　第1章主要结合铁路行业发展趋势，提出铁路国家所有权总体政策以及路网领域、工程领域、装备领域、运营领域和资本领域的具体政策，并深入研究了铁路各领域国家所有权政策保障机制等相关问题，为我国铁路国家所有权政策的制定提供基本思路。

　　第2章主要在总结电信行业改革实践经验的基础上，比较分析多种铁路网运关系调整方案，明确我国铁路经营管理体制改革应充分考虑路网的整体性与运营的竞争性，并最终提出"路网宜统，运营宜分，统分结合"的网运关系调整方案。

第3章主要借鉴我国网络型国企现代企业制度实践及其启示，明确建立现代企业制度是全面深化铁路改革的必然趋势，提出我国铁路现代企业制度的改革思路以及铁路现代企业制度的运行机制。

第4章主要在分析铁路混合所有制改革优势的基础上，基于统分结合的网运关系调整背景，结合分类改革的要求，重点阐述铁路运营和路网领域的改革思路，并构建相应的保障机制。

第5章主要在分析我国铁路投融资体制改革背景与目标的基础上，借鉴其他行业投融资改革实践经验，剖析社会资本投资铁路"玻璃门"的成因，并提出深化铁路投融资体制改革的措施。

第6章主要以处置铁路债务为目标，结合铁路债务现状及其他国有企业债务处置的实践经验，提出一种随着铁路体制改革分阶段稳步处理铁路债务的思路，并配套相应的保障机制。

第7章主要在分析我国铁路客货运输定价机制现状的基础上，充分借鉴其他运输方式以及其他国家铁路运输改革实践的相关经验，提出铁路公益性运输部分采用成本导向定价、铁路商业性运输部分采用竞争导向定价的铁路运输定价机制改革思路。

第8章主要结合国企分类改革相关意见，科学界定铁路公益性及商业性，对不同类型的公益性运输和线路建立相应的数据库，提出铁路公益性补偿的总体思路，并从多个角度明确建立铁路公益性补偿保障机制。

第9章在明确国家所有权政策的基础上，主要对铁路工程、装备、路网、运营、资本等5大领域的企业运行机制进行初步思考，并针对上述五大领域的铁路国有企业提出具体的企业运行策略参考。

第10章主要立足我国铁路行业实际情况，在借鉴国外铁路及国内典型行业监管改革经验的基础上，明确我国铁路监管体制改革的基本思路，并提出我国铁路可分散监管和集中监管这两种备选方案。

第11章主要以铁路改革保障机制为研究对象，从顶层设计、国家政策、法律法规、社会舆论、人力资源以及技术支撑等保障层面展开研究，提出重点加强党对铁路改革的领导，构建铁路改革工作的保障机制。

第 12 章主要以党和国家关于国企改革一系列精神为指导，根据当前铁路实际，在提出全面深化铁路改革的主要依据、基本原则与主要目标的基础上，提出"六步走"的全面深化铁路改革路径。

第 13 章主要分析铁路改革的历史方位、关键问题、突出任务，提出铁路改革应从国家所有权政策、国有资产管理体制、企业治理结构、企业运行机制这四个层次全面推进，一系列深层次问题亟须通过综合改革从根本上予以解决。网运关系调整、现代企业制度建立、债务处置三个问题最为紧迫，亟须在当前全面深化铁路改革中予以优先考虑与安排。

第 14 章结合铁路改革现状和 12 个专题的相关研究成果，整理形成一系列相互联系、逐步推进的铁路改革思想，将其汇成较为完整的《全面深化铁路改革路线图》，并附路线图说明。

本书基本框架、总体思路与主要观点由西南交通大学左大杰副教授负责拟定。各章分别由西南交通大学左大杰（第 1 章、第 3 章、第 8 章、第 9 章、第 12 章）、黄蓉（第 2 章）、罗桂蓉（第 4 章）、徐莉（第 5 章）、陈瑶（第 6 章）、王孟云（第 7 章）、唐莉（第 10 章）、丁祎晨（第 11 章）撰写。全书由左大杰负责统稿。

本书在写作过程中参阅了大量国内外著作、学术论文和相关文献等资料，对此表示衷心的感谢。

由于铁路改革的理论与实践仍在快速发展中，以及作者水平和能力所限，本书中难免会存在不足，欢迎批评指正。

左大杰

2018 年 11 月 2 日

目 录

第 1 章　铁路国家所有权政策的总体构想[①]

1.1　引　言

　　铁路国家所有权政策要回答铁路企业根据其功能和经济性质等因素确定的分类，国家投资企业的目标及有关条件。国家提出了国有企业改革分类管理、分开公益性与商业性等政策，但尚未提升到国家所有权政策这个层面上来阐述，所以这些政策未成理论体系，没有相应的国家所有权政策来明确基本目标和规则。铁路国家所有权政策的意义，不仅在于它可以通过明确企业基本和具体的功能目标，来指导国有经济布局结构调整方案和国有经济改革方案的分类设计及实施，还在于它能够指导对国有经济的分类管理。目前我国鲜有关于铁路国家所有权政策的研究，而明确铁路国家所有权政策对于有效进行铁路改革具有至关重要的作用，因此为了保证铁路国家所有权政策在铁路改革中的指导性意义，需要对其进行系统性的研究。

　　近年来各学者对国内外企业改革做出了有关研究。张用刚等[1]分析了日本国铁、电信电话公司为何要实行"民营"，实行民营的方法以及实行民营后的效果，并得出对我国经济改革的启示。莫蒂默 L. 唐尼[2]概述了在美国铁路的发展过程中,政府如何通过独特的参与手段确保铁路的发展。呼志刚[3]分析了英国路网公司的产生、性质与职能、管理结构、业务形式以及面临的挑战，为我国铁路的运营与管理提供了一定的

---

① 本章由"铁路改革研究丛书"中《铁路国家所有权政策研究》主要观点构成。有关铁路国家所有权政策的详细分析，可参阅《铁路国家所有权政策研究》一书。

借鉴。孙萍[4]在总结日本铁路改革的背景、内容、绩效的基础上，得出设立专门委员会负责研究并分阶段、分步骤实施改革等的有益启示。黄群慧[5]提出应基于国有经济功能定位对每家国企使命进行界定、分类，进而推进国有经济战略性重组的具体操作阶段。李国营[6]提出国企改革更应做好顶层设计、阶段推动和细节推进，更应注重国有企业的资源、品牌、市场等优势与民营企业的资金、机制等优势的有机结合。陈小洪等[7]对新时期大型国有企业改革问题进行了分析，提出深化改革需要明确国家所有权政策，界定国有企业功能要与其所在领域市场经济特征结合，并通过具体国家所有权政策分类指导有关改革和管理等。鲁桐[8]提出建立一个公开、透明的国家所有权政策，不仅有利于加强国家对国有企业的控制力，也有利于社会各界对国有企业进行广泛监督。

以上研究为铁路国家所有权政策的制定奠定了基础。通过借鉴国外企业改革的经验，可以得到有益对我国铁路改革的启示，如改革应当结合本国国情，科学分拆；引入竞争主体与优化产权结构同步；稳步推进市场化进程等。国内研究还强调了明确国有经济功能定位、分类管理的重要性，以及深化改革需要明确有关国家所有权政策。然而，上述研究并没有对铁路改革中的国家所有权政策的制定提出具体的方法和思路。因此，本章在分析我国铁路行业发展趋势的基础上，借鉴国外企业改革经验，提出制定铁路国家所有权的总体政策和铁路工程、装备、路网、运营、资本五大领域的具体政策的基本思路。

1.2 国家铁路发展趋势

铁路按照功能可划分为五大领域，即路网领域、工程领域、装备领域、运营领域和资本领域。我国铁路技术的不断提高，以及依托国家战略，使铁路行业在国内外市场中都出现扩张的趋势。

1.2.1 国内铁路市场加速发展趋势

铁路作为我国重要的基础设施，属于战略性产业，是综合交通体系的骨干，并在我国经济社会发展中起重要作用。近几年铁路建设也在持续推进，随着《中长期铁路网规划》的修编，铁路投资大幅提高。2002—2016 年全国铁路固定资产投资及增速如图 1-1 所示。

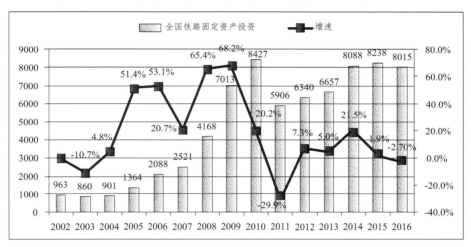

图 1-1　2002—2016 年全国铁路固定资产投资及增速

由图 1-1 可以看出，在 2000 年至 2010 年间铁路固定资产投资呈高速增长状态，2010 年后投资额趋于稳定。在"十三五"规划期间，我国经济下行的压力加大，而投资高铁和中西部铁路是拉动内需的重要选项。近年来，铁路的固定资产投资均在 8 000 亿元以上。

1.2.2　铁路海外市场持续扩展趋势

1．中国高铁"走出去"

近年来中国高速铁路技术成果和建设成就在国际社会产生了重大影响，中国已经成为世界上高速铁路发展最快、系统技术最全、集成能力最强、在建规模最大、运营里程最长、运营速度最高、产品性价比最优的国家。中国高铁"走出去"，能够推进世界铁路发展与进步，让更多国家和地区特别是发展中国家和地区在更短时间内享受到高速铁路优质服务。

2."一带一路"倡议

作为"一带一路"总规划实施的关键，铁路基础设施建设是国家内部及国家之间互联互通的重要基础之一，我国高度重视联通本国和邻国的铁路建设项目，并且将在"一带一路"建设中优先部署实施。同时"一带一路"倡议还有助于我国铁路技术装备的再创新，实现与时俱进、因地制宜。

国家高度重视扩大铁路运营的对外交流合作，大力发展国际物流，建立国际铁路联运合作机制，完善世界各区域列车运营的协调合作机制，构建与"一带一路"建设相适应的铁路国际物流体系。

1.2.3 铁路各个领域相互融合趋势

（1）铁路工程领域与运营领域融合。基础设施的利用效率与运营管理紧密相连，因此铁路工程领域和运营领域要互相配合才能适应发展的要求。我国铁路工程企业也认识到了这一点（如中铁三局和中铁十六局铁运公司申报铁路运输许可证，获国家铁路局正式批准）。

（2）铁路工程领域与装备领域融合。2017年8月25日，中国铁建重工集团与西南交通大学签署了磁浮技术合同，双方表示会在磁浮领域展开深入合作，为中国铁建重工集团打造轨道交通装备产业。双方在装备领域的这一合作表明铁路工程领域和装备领域的相互渗透，交通运输装备和基础设施建设技术的不断升级，将共同提升铁路的服务品质和服务能力。

（3）铁路装备领域与其他各领域融合。2016年10月24日，由中国铁路总公司（以下简称"中铁总"）全额投资设立的中国铁路建设投资公司在官网发布招标公告，就2017年动车组高级修进行第一次公开招标，招标的数量创纪录地达到398列动车组。此外，2017年8月21日，中国中车控股股东还与中铁总签订了战略合作协议，包括铁路装备战略采购、铁路装备高级修、铁路配件供应管理合作、装备新技术新产品研发等方面的合作。

因此，鉴于各领域有互相融合的趋势，各企业间可交叉持股，促进了整个铁路产业的融合发展。准确把握铁路各领域发展现状和趋势，对于制定铁路国家所有权政策具有重要意义。

1.3 铁路国家所有权总体政策

1.3.1 铁路国家所有权政策框架

铁路国家所有权政策是指国家对铁路行业企业出资和资本运作的公共政策，说明国家投资兴办或出资铁路企业的功能作用、目标和领域，国家的铁路国有企业治理方针和实施方式，是处理国有企业与社会、与其他企业关系及规则的基本政策。

铁路国家所有权政策作为国家所有权政策在铁路领域中的体现，其内容也分为两个层面：一是总体政策，即国家在总体上明确铁路作为国有企业的功能作用、任务、基本目标及国家对铁路的发展定位；二是为确保总体政策的落实而制定的具体政策，即针对具体国有企业基本目标、功能作用、有关规则及国家要求制定的政策及手段。总体政策指导具体政策的制定，具体政策保证总体政策的落实。铁路国家所有权政策基本框架如图 1-2 所示。

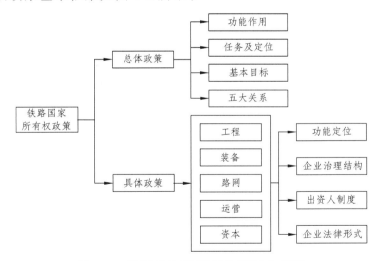

图 1-2 铁路国家所有权政策基本框架

1.3.2 铁路国家所有权政策目标

铁路国家所有权政策所要实现的最终目标是：（1）国家对铁路行

业应采取更加重视、加强控制的总体政策；（2）考虑到各个领域的实际情况，应对五个领域采取有区别的具体政策。有的采用国有独资公司的形式，有的绝对控股，有的相对控股，有的参股即可，有的领域可以完全放开。例如，路网具有公益性，而运营有商业性，因此路网需要国家绝对控制，而运营领域可充分放开；又如，铁路工程、装备等领域虽然具有竞争性，但由于要体现高端装备走出去等战略任务，政府应仍保持较高的股权，以体现国家意志。

我们建议成立的中国铁路国有资本投资运营公司（以下简称"中铁国投"），则以股权的形式参与铁路路网、运营、工程、装备等领域的实业企业，通过对铁路各个领域企业进行投资和运营，根据不同领域企业的特性而进行绝对控股、相对控股或是参股，不干预企业的生产经营活动，体现国家在铁路资本领域的所有权政策，实现铁路各领域企业的良好运营。

1.4　铁路国家所有权具体政策

铁路具体包括路网、工程、装备、运营和资本五大领域，由于铁路各领域在公益性和商业性上有所区别，应针对各领域制定相应的国家所有权政策。

1.4.1　国家控制方式

（1）铁路工程领域企业的国家控制方式。

我国铁路工程企业技术在国际上处于领先水平，应该积极参与国际竞争。但由于其作为战略产业领域在国民经济中占据的重要地位，以及要体现中国高铁"走出去"等国家战略任务，政府仍应保持较高的股权，以体现国家意志。因此，建议铁路工程领域企业采用国家相对控股的形式。

（2）铁路装备领域企业的国家控制方式。

铁路装备领域的国际竞争力尚不足，为了应对激烈的国际竞争，同时也是其作为战略产业领域的需要，国家应给予装备领域企业一定的支持，建议采用国家绝对控股形式（可放松至相对控股形式）。

（3）铁路路网领域企业的国家控制方式。

铁路路网领域的国有企业在发挥铁路的重要经济社会作用方面具有关键的引领作用，其主要功能表现在：① 控制国家铁路运输网络；② 为一般客货运输提供基础设施；③ 保证军事运输、抢险救灾物资运输等非营利性运输的开展，维护铁路运输的公益性；④ 配合国家经济、政治安排建设铁路网络，而非全然以市场导向来开展路网建设。因此，建议铁路路网领域国有企业采用国家绝对控股的方式（可严格至国有独资形式）。

（4）铁路运营领域企业的国家控制方式。

铁路运营企业与其他企业之间存在竞争，这种竞争性有利于提高其自身效率，并推动整个国有经济的发展。考虑到运营领域具有竞争性，应当充分开放市场，大力发展混合所有制，适时上市成为公众公司，建议运营领域企业采用国家参股的形式（重要运营企业采用相对控股甚至严格至绝对控股，一般运营企业可放松至相对控股形式甚至不参股）。

（5）铁路资本领域企业的国家控制方式。

铁路资本领域企业属于功能性国企，国家占主导地位，并且需要国家财政予以支持。国家资本领域企业作为投资铁路各领域企业的一种投资方式主体，应该在国家控制的前提下充分融合社会资本。因此建议采用国家绝对控股的形式（可严格至国有独资形式）。

1.4.2　出资人制度

作为国资委（或财政部）改革的一部分，国资委（或财政部）在2013年年底开始进行国有资本投资运营公司试点工作。国有资本投资运营公司与所出资企业更加强调以资本为纽带的投资与被投资关系，更加突出市场化的改革措施和管理手段。

我们认为，国有资本投资运营公司替代国资委行使出资人的职责，成为国有资产的直接出资人代表将成为必然趋势。因此我们建议，为推进铁路领域国有资产管理向管理资本为主转变，当条件具备时，应当以中铁总旗下中国铁路投资有限公司为基础成立中国铁路国有资本投资运营公司，并划归财政部或国资委，同时将中国路网、中国中车、中国通号、中国中铁、中国铁建等铁路行业央企的股权由国家授权给中铁国投管理。

铁路各领域间的融合越来越紧密，中国中铁、中国铁建等企业都是大型上市公司，拥有非常好的融资能力和渠道，中国中车股份有限公司、中国铁路总公司、中国中铁股份有限公司、中国铁建股份有限公司以及国家级基金（如国有企业结构调整基金）可以共同出资中国铁路国有资本投资运营公司，将其作为一个投资和管理平台。建议这些公司共同向中国铁路国有资本投资运营公司出资，不仅能够对其拥有一定的所有权和监督权，还能够进一步深化合作，早日实现共赢。

因此，工程、装备、路网、运营领域企业均由中国铁路国有资本投资运营公司履行国有资本出资人职责。而资本领域由公有资本和非公有资本（即社会资本）共同出资来成立或组建中国铁路国有资本投资运营公司，形成公有资本与非公有资本共同参股的混合所有制企业。需要注意的是，各类投资主体依据出资份额履行出资人职责，其中，国资委（或财政部）与各大央企、国企的出资份额之和应大于社会资本的出资份额，以便更好地体现国家意志和公众利益，同时也便于实施国家在铁路各领域不同的所有权政策。

1.4.3　企业法律形式

（1）对于铁路工程领域，为了有利于企业经营发展，减少不必要的政治干预，国家可采用控股方式进行控制。同时，发展混合所有制、实行政企职责分离和股权多元化能融合国有企业的多方优势，促进其成为较独立的市场竞争主体。因此建议国家控股以依托国家高铁"走出去"战略为基础，采用股份有限公司的形式。

（2）对于铁路装备领域，中国中车、中国通号公司技术位于世界前列，但其发展仍有一定的提升空间，理论上可以放开竞争，采用混合所有制以释放市场活力。但面对国际市场的竞争，仍需要国家予以支持，因此在采用股份有限公司的形式下也要由国家保持较高的控制力。

（3）对于铁路运营领域，该领域企业不仅需要国有资本的支持，也需要更多的社会资本的进入。设立为股份有限公司的形式，能够充分发挥市场化机制，促进现代企业制度的建立。考虑到运营领域具有商业竞争性，其营业效率有待提升，建议国有资本参股，大力发展混合所有制，适时上市成为公众公司。

（4）对于铁路路网领域，目前不管在建设规模还是国际竞争力方面都有着较强的实力，考虑到其公益性属性，建议采用国有独资公司的形式进行绝对控制，但发展混合所有制也有利于建立现代企业制度，增强企业活力，所以也可以采用混合所有制的形式。

（5）对于铁路资本领域，目前我国铁路资本领域总体而言经营现状不佳（债务偏高、投融资体制改革尚未取得突破性进展），应由国家严格控制，国家财政予以相应的支持，建议采用国有独资公司的形式。但其作为投资铁路各领域企业的一种投资方式主体，也可以在国家控制的前提下充分融合社会资本，采用国家控股的股份有限公司形式。

1.4.4　五大领域具体政策对比

国家对铁路工程领域、装备领域、路网领域、运营领域和资本领域的国家所有权政策根据各自特点有所不同，如表 1-1 所示。

表 1-1　铁路五大领域所有权政策

	工程	装备	路网	运营	资本
功能定位	功能性国企，国家占主导地位	功能性国企，国家占主导地位	功能性国企，国家垄断地位	一般竞争性国企，国家放开竞争	功能性国企，国家占主导地位
控制方式	国家相对控股	国家绝对控股或放松至相对控股	国有独资或放松至国家绝对控股	国家相对控股或不参股，重要领域绝对控股	国有独资或国家绝对控股

续表

	工程	装备	路网	运营	资本
出资人制度	中国铁路国有资本投资运营公司履行国有资本出资人职责	中国铁路国有资本投资运营公司履行国有资本出资人职责	中国铁路国有资本投资运营公司履行国有资本出资人职责	中国铁路国有资本投资运营公司履行国有资本出资人职责	公有资本及社会资本作为出资人
企业法律形式	股份有限公司	股份有限公司	国有独资公司或股份有限公司	股份有限公司	国有独资公司或股份有限公司
企业治理结构	股东大会、董事会及各专门委员会、监事会及高级管理层	股东大会、董事会、监事会和经营管理层	股东大会、董事会、监事会和职业经理人	股东大会、董事会、监事会和职业经理人	股东大会（独资公司则无）、董事会、监事会和经理层

从表 1-1 可知，铁路国家所有权政策的基本思路：① 路网具有公益性，国家应当绝对控制，但为了促进现代企业制度的建立，也可以适当引入其他资本，发展混合所有制；② 运营具有竞争性，应当充分开放市场，对于重要的企业可一定程度加强控制；③ 工程、装备等领域虽然具有竞争性，但为了体现"一带一路"倡议，中国高铁"走出去"战略等内容，政府仍应保持较高的股权以体现国家意志；④ 工程领域对于国家战略支撑作用与铁路装备领域类似，而且其公益性更强，国家在该领域的控制力应比装备领域更大；⑤ 资本领域需要得到国家的严格控制，但其作为投资铁路各领域企业的一种投资方式主体，也可以在国家控制的前提下充分融合社会资本，在充分利用资金的同时保证国家的利益。

1.5 结 论

本章结合国家铁路发展现状与趋势，明确了铁路国家所有权政策的总体政策，并深入研究了铁路各领域国家所有权政策的具体政策以及保障机制等相关问题，为我国铁路国家所有权政策的制定提供了基本思路。其主要结论如下：

（1）明确铁路国家所有权政策，能更好地发挥铁路国有企业的主导作用，加快垄断行业改革，深化垄断行业国有企业改革。

（2）国资委（或财政部）作为国家履行出资人的代表机构，应下设行业性国有资产（资本）经营公司，通过国有资本经营公司来实现国有资产管理的优化。

（3）国家对铁路工程领域、装备领域、路网领域、运营领域和资本领域的国家所有权政策根据各自特点，在国家控制方式、出资人制度和企业法律形式等方面有所不同。

第 2 章　铁路网运关系调整的总体构想[①]

　　我国铁路行业与电信行业同为国有资本控制的重点行业，且都具有庞大、成网的基础设施，电信行业经营管理体制的改革实践可为我国铁路网运关系调整提供借鉴。本章铁路网运关系调整的总体构想是在总结电信行业改革实践经验的基础上，比较分析多种铁路网运关系调整方案，最终提出"路网宜统，运营宜分，统分结合"的网运关系调整方案。

2.1　电信行业改革实践

　　我国电信业改革从 20 世纪 90 年代邮政分营、政企逐步分离开始，可大致分为业务分割阶段（1993—2002）、区域分割阶段（2002—2008）、业务整合阶段（2008—2013）、网运分离阶段（2013 年至今）。各主要电信运营商改革发展历程如图 2-1 所示。

2.1.1　业务分割阶段

　　该阶段可分为两部分：一是尝试引入竞争、实现政企分离；二是进行业务分割。

---

① 本章由"铁路改革研究丛书"中《铁路网运关系调整研究》主要观点构成。有关铁路网运关系调整的详细分析，可参阅《铁路网运关系调整研究》一书。

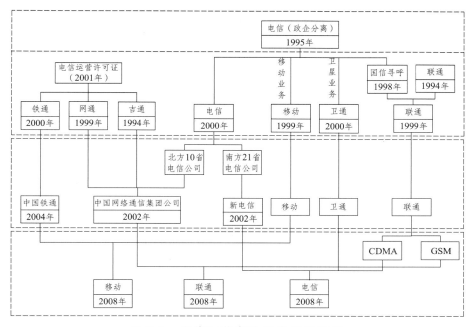

图 2-1　电信运营商改革发展示意图

1．政企分离

（1）1993 年 8 月，国家放开经营部分电信业务。国务院批转邮电部《关于进一步加强电信业务市场管理意见的通知》提出，向社会放开经营的电信业务有无线电寻呼、800 MHz（兆赫）集群电话、450 MHz（兆赫）无线移动通信、国内 VSAT（甚小天线地球站）通信、电话信息服务、计算机信息服务、电子信箱、电子数据交换、可视图文、经国务院或邮电部批准允许经营的其他电信业务。

（2）1993 年 12 月，国务院发文批准组建中国联合通信有限公司。次年 7 月，联通公司正式挂牌成立。其经营范围包括：① 对铁道部、电力部的专用通信网进行改造、完善，在保证铁道、电力专用通信需要的前提下，将富余能力向社会提供长话业务；在公用市话网覆盖不到或公用市话能力严重不足的地区可开展市话业务；② 经营无线通信业务（包括移动通信业务）；③ 经营电信增值业务。

联通公司经营的电信运营业务接受邮电部的行业管理。联通公司投资改造的通信线路要符合国家通信技术标准和技术政策，与公用通信主网互连互通、自动接续、公平计价，共享通信资源，避免重复建网。并入公用通信主网运行的各专业通信设施要服从通信主网的调度与管理，并以合同方式明确相互关系。

（3）1994年1月，吉通通信有限公司成立。吉通由电子工业部发起成立，主要由电子部（后改为信息产业部）系统的一些大型国有企业参股组建，包括彩虹集团公司、中国电子信息产业集团公司、国投电子公司等30多个股东单位。吉通作为"三金工程"中金桥工程唯一业主单位，被授权建设、运营和管理国家公用经济信息网（即"金桥工程"），与原中国电信的CHINANET展开竞争。

（4）1995年4月，电信总局以"中国邮电电信总局"的名义进行企业法人登记，其原有的政府职能转移至邮电部内其他司局，逐步实现了政企职责分开。

2．业务分割

（1）1999年2月，国务院通过中国电信重组方案。同年12月和2000年1月、2月，分别批复组建中国移动通信集团公司、中国电信集团公司和中国卫星通信集团公司。此后，三大集团公司陆续挂牌，中国电信重组工作顺利完成。与此同时，国务院对联通公司也进行了重组，从中国电信剥离出来的国信寻呼公司于1999年5月整改建制，划归联通公司。

（2）1999年10月22日，中国国际网络通信有限公司由中科院、国家广播电影电视总局（现国家新闻出版广电总局）、铁道部、上海市政府四方出资成立，在全国17个城市开通互联网服务。

（3）2000年12月，铁道通信信息有限责任公司成立，2001年3月正式运营。公司由铁道部及其所属铁路局、（集团）公司共同出资组建，由铁道部直接管理，同时接受信息产业部行业管理。

经过这一阶段的改革重组，我国电信行业基本实现政企分开，基础电信各个业务领域都已同时有两家以上企业经营，市场竞争格局初步形成，但市场主要由电信、移动、联通三家主导（见表2-1）。

表 2-1　2001 年电信各部门主要财务指标完成情况

单位：万元

项　目	电　信	联　通	移　动	卫　星	网　通	吉　通
国内长途通信收入	4 220 334	134 526		28 548		
国际通信收入	845 558	58 552				
电报收入	17 969					
数据通信收入	959 243	217 800		2 929	72 862	56 689
本地网通信收入	10 267 163	9 361				
移动通信收入		2 716 583	13 453 523			
无线寻呼收入		496 803				
通信业务收入合计	1 631 0267	3 633 625	13 453 523	31 477	72 862	56 689
通信业务收入份额	48.60%	10.83%	40.09%	0.09%	0.22%	0.17%

数据来源：《中国经济贸易年鉴》（2002 年）

2.1.2　区域分割阶段

（1）2002 年 5 月 16 日，中国电信南北分拆方案确定，中国电信集团及中国网通集团正式挂牌成立。中国电信集团，管辖南方 21 省电信业务经营和全国 70% 的长途干线经营。吉通与北方十省电信公司、中国网通合并组成中国网络通信集团公司，管辖北方十省市电信业务经营和全国 30% 的长途干线。另外原网通在南方的分公司将继续存续，而新的中国电信也被允许到北方发展业务。

（2）2004 年 1 月 10 日，中国卫通与国信寻呼签订协议，联通开始退出寻呼业。2004 年 1 月 29 日，铁通公司由铁道部移交国资委，更名为"中国铁通"，作为国有独资基础电信运营企业运作。

由此形成了"四大两小"的竞争格局（如表 2-2 所示），"四大"即中国移动、中国电信、中国网通和中国联通，"两小"即中国卫通和中国铁通。

表 2-2　2002 年电信行业主营业务收入表

项　目	电信	网通	移动	联通	卫通	铁通
主营业务收入/亿元	1303	720.04	1637	503.3	8.02	50.5

数据来源：《中国通信年鉴》（2003 年）

此次南北拆分以打破固定电信领域的垄断为重点，但实际上是从"全国垄断"演变为"区域垄断"。主要表现在：电信本地网互相进入没有实现，市话没有引入有效竞争，相反，市话的垄断却延伸到移动、长话、寻呼、数据等竞争性领域[9]。

2.1.3 业务整合阶段

2008 年 5 月 24 日，工业和信息化部、国家发改委和财政部联合发布《三部委关于深化电信体制改革的通告》。该通告指出：我国电信业在竞争架构、资源配置和发展趋势等方面出现了一些新情况、新问题，特别是移动业务快速增长，固话业务用户增长慢、经济效益低的矛盾日益突出，企业发展差距逐步扩大，竞争架构严重失衡（如图 2-2 所示）。为形成相对均衡的电信竞争格局，应充分利用现有三张覆盖全国的第二代移动通信网络和固网资产，深化电信体制改革。

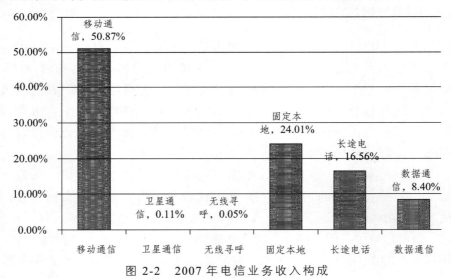

图 2-2　2007 年电信业务收入构成

数据来源：《中国信息产业年鉴》（2007 年）

基于电信行业现状，为实现上述改革目标，鼓励中国电信收购中国联通 CDMA 网（包括资产和用户），中国联通与中国网通合并，中国卫通的基础电信业务并入中国电信，中国铁通并入中国移动。

　　此次电信重组实现了电信业的全业务经营，但没能有效消除中国移动一家独大的竞争格局，电信业竞争失衡发展的现状并没有因为重组而消除。

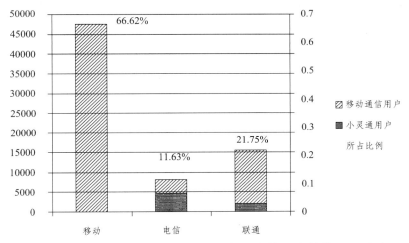

图 2-3　2008 年三大运营商无线通信用户数量（单位：万户）

数据来源：《中国通信年鉴》（2009 年）

2.1.4　网运分离阶段

　　2013 年以来，电信领域贯彻落实中共十八届三中全会《中共中央关于全面深化改革若干重大问题的决定》提出的"根据不同行业特点实行网运分开、放开竞争性业务，推进公共资源配置市场化"等有关精神，深化改革并取得了较为显著的成果。

　　一是成立"铁塔"公司，专做基础网络。

　　2014 年 7 月 18 日，中国通信设施服务股份有限公司（即"铁塔公司"）正式揭牌成立。根据规划，铁塔公司将负责所有新建铁塔以及无源系统（中国移动、中国联通、中国电信三大运营商均要向其租赁网络），并将逐步收购三大运营商存量铁塔（包括机房和机房内的有源设备）、存量基站和所有室内分布系统，三年内完成向"通信基础服务公司"的转变。铁塔公司的成立为大量虚拟运营商进入通信领域提供了基础性条件。

中国铁塔自 2015 年 1 月 1 日全面承接新建铁塔及附属设施以来，新建铁塔共享率从过去的 14% 快速提升至 70%。通过深化存量共享和新建共享，2015 年相当于少建铁塔 26.5 万座，节省资本开支 500 亿元、运营成本 37 亿元，节省土地 1.3 万亩；2016 年相当于少建铁塔 23.6 万座，节省资本开支 380 亿元、运营成本 28 亿元，节省土地 1 万亩。其中，中国电信新建共享率 91%，少建铁塔 7.3 万座，节省资本开支 118 亿元、运营成本 9.9 亿元；中国联通新建共享率 93%，相当于少建铁塔 7.4 万座，节省资本开支 119 亿元、运营成本 9.4 亿元；中国移动新建共享率 62%，相当于少建铁塔 8.9 万座，节省资本开支 144 亿元、运营成本 8.8 亿元[10]。

二是放开虚拟运营商资格，扩大竞争。

继 2013 年年底和 2014 年年初，工信部先后两批向 19 家民营企业颁发了虚拟运营商牌照，越来越多的社会资本表现出投资虚拟通信运营市场的兴趣。虚拟运营商的进入将大大提升整个行业活力，促进良性竞争，使得运营回归服务和业务创新的本质，这也是"网络中立，网业分离"的市场化运营方式所需求的一种格局[11]。

2.2　电信行业改革主要特点分析

2.2.1　电信行业改革属于问题导向型路径

电信行业改革是典型的"摸着石头过河"。[10]例如，实行业务分割后，出现了电信固网业务垄断、通信市场竞争结构不均衡的状况，因此采取电信南北分割的改革措施；三大运营商重复建设、竞争性业务过于垄断，于是成立了中国铁塔公司。其最终选择的网运分离模式对于其他网络型行业改革具有借鉴意义。

2.2.2　电信南北分割的实践证明，区域分割不是打破垄断的有效方式

2002 年旨在打破固话垄断的电信"南北拆分"方案，以区域划分

业务范围，试图将原本一家独大的电信固话拆分为两家竞争，从而促进行业良性发展。事实证明，这种拆分在促进竞争方面收效甚微，尽管电信和网通均可在对方地域开展业务，但各地市话网络依旧保持本地垄断状态。

2.2.3　电信最终采取的网运分离模式具有以下两个特点

1．统一的网络保证了资源的优化配置

统一的网络服务提供者能够解决长期以来网络建设中存在的重复投资、过度占用资源的问题。为抢占市场，通信领域的中国电信、中国移动、中国联通三大运营商重复建设了大量基站和机房。2008 年 8 月 27 日，审计署的一份工作报告显示，2002—2006 年，中国移动、电信、联通、网通、铁通 5 家企业累计投入 11 235 亿元用于基础设施建设，重复投资问题突出，网络资源利用率普遍偏低，通信光缆利用率仅为 1/3 左右。这样的基础设施重复建设无疑是对国家资源的浪费。新成立的铁塔公司整合了现有的通信基础设施，减少重复建设、优化设备配置。所以，组建统一的网络服务提供者有利于集约利用网络型既有基础设施，从供给侧角度优化资源配置，实现资源的高效利用。

2．运营的分离实现了竞争的多元化

网络业务的整合使运营服务商脱离基础设施投资的巨大负担，专心研发运营产品并提供更优质的服务；运营业务的开放为更多社会资本进入市场参与竞争创造了有利条件，又倒逼企业不断提升自身竞争力，创造更大效益。除三大通信运营商以外，虚拟运营商的介入将进一步刺激以运营商为中心的产业价值链之间的竞争。可以预见，在未来的竞争中，运营商将脱离耗费巨资的网络基础设施建设，而全力投入到业务创新和提高服务质量上来，以此取得相对竞争优势，提升自身的整体竞争力。

2.2.4　电信行业改革历经多个阶段，持续时间较长

电信行业改革进行了多次分割、整合，其改革历程伴随着我国通

信产业发展的历程。因此，多阶段的电信改革有一定的必然性，但不可避免地持续了较长时间，在一定程度上增加了改革发展的成本。目前，我国其他网络型行业已经发展到了相对成熟的阶段，其深化改革应尽量避免出现类似电信改革的多阶段路径。

2.3 对铁路网运关系调整的启示

我国电信体制改革以实践论证了《中共中央关于全面深化改革若干重大问题的决定》中提出的"国有资本继续控股经营的自然垄断行业，实行以政企分开、政资分开、特许经营、政府监管为主要内容的改革，根据不同行业特点实行网运分开、放开竞争性业务，推进公共资源配置市场化"改革思路的正确性，对我国铁路网运关系调整具有重要的启示作用和借鉴意义。

2.3.1 我国铁路当前网运关系现状

我国铁路线路共分为三类：国家铁路、地方铁路、国家与地方合资铁路。国家铁路原由国务院下属机构铁道部负责经营管理，后根据十二届全国人大一次会议批准的《国务院机构改革和职能转变方案》，实行铁路政企分开，撤销铁道部，组建中国铁路总公司，由中国铁路总公司负责经营管理国家铁路。2013 年 3 月 14 日，中国铁路总公司正式成立。2019 年 6 月 8 日，中国铁路总公司正式改制，挂牌成立中国国家铁路集团有限公司。

我国铁路网运关系现状可概括为"1 + 18 + 3 + N"：

（1）"1"：中国铁路总公司依据《中华人民共和国全民所有制工业企业法》设立，是由中央管理的国有独资企业，注册资金 10 360 亿元，机关设置 20 个内设机构。

（2）"18"：中国铁路总公司下设北京铁路局、沈阳铁路局、上海铁路局、南昌铁路局、成都铁路局、郑州铁路局、武汉铁路局、西安铁路局、太原铁路局、济南铁路局、南宁铁路局、昆明铁路局、兰州铁路局、哈尔滨铁路局、呼和浩特铁路局、乌鲁木齐铁路局、广铁集团、青藏铁路公司等18个铁路局集团公司。

（3）"3"：铁道部在1997年成立中铁快运，在2003年12月成立中铁特货、中铁集装箱2家专业运输公司；在2013年铁路政企分开时，上述3家专业运输公司划归铁总管理。

（4）"N"：除了18家铁路局以及3家专业运输公司以外，还有京沪高速铁路股份有限公司、广深铁路股份有限公司、大秦铁路股份有限公司、广西沿海铁路股份有限公司等若干合资公司(其中广深铁路股份有限公司、大秦铁路股份有限公司为上市公司)。

综上所述，我国当前铁路总体格局为"1＋18＋3＋N"，即"1个铁路总公司＋18个铁路局或集团公司(已于2017年11月全部改制为集团有限公司)＋3个专业运输公司＋若干个合资公司"的基本格局。

网运关系是铁路经营管理体制的重要组成部分，直接决定经营管理体制能否适应市场发展趋势。随着社会主义市场经济体制逐步建立，铁路经营管理体制中的问题日益增加。网运关系与社会发展的不符直接导致铁路系统内部产权划分不清、职能划分不清、权责不对等，不便于根据市场需求来合理分配市场资源，并致使铁路投融资体制、公益性补偿、中长期债务问题等方面存在较多障碍。铁路作为一种网络型、超大型自然垄断企业，处理好路网与运营之间的关系，已经成为全面深化铁路改革实践层面的关键问题。

2.3.2 电信改革对铁路"业务分割"方案的启示

有研究者[15]提出了一种基于网运分离的铁路改革方案。方案认为应分别成立路网公司、铁路货运公司、高速铁路客运公司、普通铁路客运公司等。其改革步骤具体为如下六步：

（1）首先应该加快铁路货运改革，将铁路总公司的货运功能进行分离，成立中国铁路货运公司，不拥有铁路网资源。

（2）其次推进铁路客运改革，分离铁路总公司的高速铁路客运功能，成立中国高速铁路客运公司，全面参与市场竞争；分离中国铁路总公司的普通客运功能，成立中国普通铁路客运公司，定位为（准）公益客运企业。

（3）成立中国铁路路网公司，负责铁路网及其相关基础设施的建设、运营、维护以及路网的统一运营调度。

（4）成立专门的铁路清算公司，负责铁路客货运输与路网公司的财务清算，清算规则向全社会公开。

（5）撤消中国铁路总公司，组建中国铁路投资和资产管理公司。由财政部出资组建，负责铁路建设资金的筹集、债务处理和路网建设。中国铁路投资和资产管理公司的资本金由中央财政资金、省区市地方财政资金、大型央企投资构成，同时吸纳铁路建设基金、铁路债券、银行保险资金等。

（6）推动中国铁路货运公司、中国高速铁路客运公司成为国资控股的混合所有制企业，建立起能够充分体现各方利益和诉求的科学、规范、透明的法人治理结构。在完成行业重组后，鼓励有条件、具备资质的社会资本进入基础设施建设和铁路货运、高速客运领域，给予其足够的市场机会；无歧视地向有能力提供铁路运输服务的国内企业开放铁路路网。

该方案在铁路运输业务领域的划分类似于电信改革的"业务分割"阶段。在电信改革"业务分割"阶段，网络通信、固话、移动通信、卫星通信等不同业务由不同公司主要负责。在该方案中，铁路货运、高速铁路客运、普通铁路客运由不同公司主要负责，虽然在后期会无歧视地向有能力提供铁路运输服务的国内企业开放铁路路网，但类似于电信改革，在各业务领域巨头垄断的情况下，其他市场参与者难以形成有效竞争，会形成各业务领域的垄断。因此，该铁路改革方案的不足之处仍在于无法打破铁路市场的垄断现状。

2.3.3 电信改革对铁路"区域分割"方案的启示

目前，有关学者[4][5]所提出的铁路改革"区域分割"方案可作为典型代表。他们建议，将现有的 18 个铁路局（公司）进行区域分割，重组为三大区域铁路公司，即北方、中部和南方铁路公司：（1）北方铁路公司包括北京、太原、沈阳、哈尔滨、呼和浩特等 5 个铁路局（集团公司）以及济南铁路局所属的原济南、青岛铁路分局；（2）中部铁路公司包括上海、郑州、西安、武汉、兰州、乌鲁木齐铁路局和青藏公司共7个铁路局（集团公司）以及济南铁路局所属的原徐州铁路分局（把济南铁路局所属的原徐州铁路分局划归中部铁路公司，主要是减少陇海线上的分界口数量）；（3）南方铁路公司中包括广铁集团、成都、南昌、昆明、南宁等5个铁路局（集团公司）。在三大区域铁路公司之上不设统一调度指挥机构，三大区域铁路公司之间是独立的。三大区域铁路公司各自在其管辖内实行统一调度指挥，具有投资、决策财产处置的权利，具有完全的市场主体地位，三大区域铁路公司之间可以形成比较竞争。

铁路路网类似于电信固话线路网，以铁路区域分割重组来形成比较竞争不是有效破除垄断的方式。铁路"区域分割"并没有打破铁路运输垄断的现状，三大区域公司看似存在比较竞争，其实只是由"全国垄断"变为"区域垄断"，类似于电信固话业务由全国垄断拆分为南方垄断和北方垄断。例如，南方公司即便拥有价格与服务优势，北京的货主也可能只能选择北方公司运输，因为南方公司几乎不可能在北方区域建立独立于北方公司的路网——也就是说，"区域竞争"隐藏着一个假设：南方公司去北方公司开展业务，还是要用北方公司的路网来开展运营业务，即"区域分割"与"区域竞争"是以"网运分离"或"网运能够分离"为前提的。

综合来讲，"区域分割"方案改变了现有的路网管理格局，但在打破垄断、引入竞争、深化政企分离、建立现代企业制度、债务处置等方面，有其难以克服的局限性。2000年铁道部在研究铁路改革方案时，铁道部内部人士曾如此评价区域分割方案[14]：在全国组建几个大区铁路集团，从企业规模上讲更有优势，也有利于企业自主经营；但在引入铁路内部竞争、协调全路性运输、确保大干线畅通、统一路网建设改造等方面，仍然存在着一些难以克服的缺陷。

2.3.4　电信改革对铁路"网运分离"方案的启示

铁路行业同电信行业都是高固定成本行业，拥有很高的投资沉淀成本，这是限制运营商进入市场的瓶颈。中国铁塔公司成立后，2016

年中国移动、中国联通、中国电信平均每站址年租金分别为 2.83 万元、2.38 万元和 2.26 万元，均明显低于三家自建。中国铁塔的成立使电信业多元竞争成为可能。如果铁路将高沉淀成本的路网设施同运输经营分离开来，或也将极大地促进铁路运输市场的繁荣，并进一步促进铁路现代企业制度、混合所有制、公益性补偿、投融资体制、债务处置等方面的改革。

结合铁路自身的行业特点与电信"网运分离"改革实践，我国铁路经营管理体制改革应充分考虑路网的整体性与运营的竞争性，并探索出一种充分发挥路网整体性与运营竞争性优势的经营管理模式——统分结合的网运分离经营管理体制[16]。其主要特点包括以下三个方面：

一是"网与运分离"，即从事路网建设与管理的企业不参与运输经营活动，避免路网的垄断性与运营的竞争性相互交织。

二是"网与网统一"，即将铁路路网收归一个大、统、全的国有企业或管理机构，进行统一规划、统一建设、统一调度，以充分发挥路网作为国家基础设施的重要作用。

三是"运与运分离"，即打破铁路运输经营的垄断，做大做强三大专业运输公司，同时将铁路运营权下放到若干小、专、精的各类社会资本广泛参与的运营企业，充分放开竞争性业务，使这些企业在充分竞争的条件下提供更加优质高效的运输服务。

在当前网运合一的经营管理体制下，可先实现运营资源整合：（1）做实、做大、做强三大专业运输公司；（2）把 2013 年以来成立的一批货运营销中心的一部分职能划给货运部，另一部分划给货运受理服务中心①；（3）对于货运受理服务中心的一部分，可根据铁路向现代物流转型发展的实际需要，以三大专业运输公司融资购买的形式，将其划转进入三大专业运输公司；（4）对于货运受理服务中心的另一部分，则按照现代企业制度整合成若干个类似三大专业运输公司的货运运营公司。以上三大专业运输公司与若干个新增的运营公司（简称为"3＋N"）构成铁路运营领域的骨干。运营业务公司化（运营资源整合）阶段的实质是在中铁总的框架下实现初步的、事实上的网运分离。

---

① 货运受理服务中心的职责包括：货运业务集中受理、大客户维护、装载监控、服务质量监督等。

之后，可实施全面的网运分离。该阶段的主要目标是将运营（主要是 3 + N 个运营公司）从路网（主要是"1 + 18"）中逐步分离出来。将上阶段中国铁路总公司及 18 个铁路局集团孵化出的一大批运营公司推向市场，除部分需兜底公益性运输的客货运营公司外，其余全部流转为社会资本控股或参股的股份有限公司（若具备条件可上市），并允许各类社会资本举办铁路运营公司。

此时兜底公益性运输的运营公司应实现国资控股的混合所有制改革，并从中铁总控股划转为中国铁路投资有限公司控股[①]，18 个铁路局集团不再继续参股。

铁路运营类业务属于充分竞争性业务（铁路军事运输除外），应彻底面向市场开放。在这一阶段的网运分离中，将已成立的各运营公司逐渐推向市场的同时，众多规模较小的社会资本也具有参与铁路运营的可能，因而将产生众多的运营公司，且都具有独立的法人资格与承运人资格，使其在不同层面参与铁路运营并以加强竞争为首要目标。

在实现上述股权流转之后，若条件具备，应立法禁止中铁总及 18 个铁路集团公司直接面向货主或旅客从事客、货运业务，强制中铁总以及各铁路局彻底退出运营类公司，其目的在于为各类社会资本参与运营类公司创造公平环境。这时，铁路车站的运营模式就能够借鉴我国民航运输的经营模式，铁路车站的业务，除了行车业务归路网公司（全国一张网），其他客运、后勤、商业等业务，可实行属地化管理，由铁路与地方各类资本共同出资举办各类公司来提供丰富多彩的商旅服务，这样不仅可以提高地方参与铁路车站规划、建设、运营的积极性，也能够同时实现铁路混合所有制以及多元化竞争。从民航的经验（特别是首都机场经营实践）来看，这种发展模式具有现实上的操作性。

实现网运分离之后，由中国铁路总公司实施全国路网整合，以期在条件成熟时成立由路网资产组成的中国铁路路网（集团）股份有限公司（简称中铁路网）。现有各铁路局集团公司继续保留并成为中铁路网的子公司；现各铁路局集团的调度所可作为路网公司的数个区域调度中心（或派出机构），整合后的路网公司将减少或消除目前各铁路局

---

① 待"中铁国投"成立后，由"中铁国投"持有相关股份，详见"铁路改革研究丛书"中《铁路改革目标与路径研究》。

集团之间基于自身利益的相互纠缠，有利于在保证安全正点的前提下，以提高效率为首要目标。

2.4 结束语

（1）我国电信体制改革经历了业务分割、区域分割、业务整合、网运分离四个阶段，以实践论证了"根据不同行业特点实行网运分开、放开竞争性业务，推进公共资源配置市场化"改革思路的正确性。

（2）电信"网运分离"改革启示：① 统一的网络保证了资源的优化配置；② 运营的分离实现了竞争的多元化。

（3）从电信"业务分割"改革来看，基于网运分离的铁路"业务分割"方案会形成铁路运营按业务种类垄断，无法充分打破铁路运输市场的垄断现状。

（4）电信"南北拆分"方案没有打破电信固话垄断，铁路"区域分割"方案在打破垄断、引入竞争方面也有其难以克服的局限性。

（5）我国铁路经营管理体制改革应充分考虑路网的整体性与运营的竞争性，并探索出一种充分发挥路网整体性与运营竞争性优势的经营管理模式——统分结合的网运分离经营管理体制。

第 3 章　铁路现代企业制度的总体构想①

3.1　研究背景与意义

　　铁路是国民经济的大动脉，是国有资产的重要组成部分，在我国经济社会生活中发挥着重要作用。中国铁路总公司及其所属 18 个铁路局（集团公司、公司）等企业均为特大型国有企业。党的十八届三中全会明确提出，国有企业改革必须适应市场化、国际化的新形势，必须以规范经营决策、资产保值增值、公平参与竞争、提高企业效率、增强企业活力、承担社会责任为重点，进一步完善国有企业现代企业制度的建设[17]。在这一新的时代背景下，作为全面深化铁路改革的重要组成部分，铁路建立国有企业现代企业制度的工作刻不容缓。

　　所谓现代企业制度[18]，是指以市场经济为基础，以企业法人制度为主体，以有限责任制度为核心，以产权清晰、权责明确、管理科学为条件的新型企业制度。它既能够适应商品经济的发展要求，又能够适应社会化、规模化生产的要求。目前，在铁路运输业债务巨大、生产率低、市场竞争力薄弱的背景下，构建基于公司制的铁路运输现代企业制度是全面深化铁路改革的首要工作，并为其他各项改革工作奠定市场化基础，也是增强铁路运输企业活力和竞争力、提高铁路运输业发展质量的有效途径和必然选择。

---

　　① 本章由"铁路改革研究丛书"中《铁路现代企业制度研究》主要观点构成。有关铁路现代企业制度的详细分析，可参阅《铁路现代企业制度研究》一书。

本章在分析我国网络型国企现代企业制度实践及其启示的基础上，提出建立现代企业制度是全面深化铁路改革的必然趋势，并分析研究了我国铁路现代企业制度改革的基本思路与运行机制，以供有关部门决策时参考。

3.2 我国网络型产业现代企业制度实践与启示

网络型产业[19]是指需要基于具有特定节点和链路构成的系统才可以实现产品和服务供给的产业。这一定义表明网络型产业具备系统性、全程全网以及产品、服务供给的"瞬间实现和不可分割"特征。铁路运输生产和组织结构的网络特性是铁路运输业的基本属性之一，它是铁路运输业的内部特征属性[20]。铁路运输的网络属性决定了铁路运输生产的高度集中性以及自然垄断性。以上特点决定了铁路改革比一般竞争性国有大中型企业的改革更加复杂。对此，分析研究其他网络型产业的改革实践可为铁路行业改革提供参考。

3.2.1 电力行业现代企业制度实践

为进一步发展我国电力行业并在电力行业建立新型企业制度，我国从 2002 年以来分别从产权、权责、管理几个方面对电力行业实施了一系列改革。这些改革正是国家对电力行业现代企业制度建设的逐步完善。

（1）2002 年，为划分电力行业产权和明确电力行业权责，国务院发布《电力体制改革方案》[21]，对国家电力工业实现了横、纵双向分拆的改革模式，实行厂网分开，重组发电和电网企业，成立国家电监会，按照国务院授权，行使电力监管行政执法职能，并统一履行全国电力市场监管职责，国家发改委负责电力投资审批权和定价权。按照现代企业制度的要求，将以前大一统的国家电力公司拆成"5 + 2 + 4"的电企新格局，即 5 个发电集团公司、2 个电网公司和 4 个辅业集团公司。

（2）2002 年以后，国家围绕上述成立的 5 个发电集团公司完善现代企业制度，对企业管理进行改革。如 2007 年，国务院转发了电力体制改革工作小组《关于"十一五"深化电力体制改革的实施意见》[22]，全面推进电价改革，加快政府职能转变，初步形成政府宏观调控和有效监管下公平竞争、开放有序、健康发展的电力市场体系。

（3）2013 年 5 月出台的《关于 2013 年深化经济体制改革重点工作的意见》[23]中明确提出"推进电价改革，简化销售电价分类，扩大工商业用电同价实施范围，完善煤电价格联动机制和水电、核电上网价格形成机制"，"推进大用户直购电和售电侧电力体制改革试点"。2013 年 6 月，国家发改委调整和规范销售电价分类结构，把原先 8 大类销售电价归并为 3 个类别；同月，国家发改委在部署 2013 年全国电力迎峰度夏工作时，明确提出"积极推进电煤市场化改革和售电侧电力体制改革试点"。

（4）2015 年 3 月，国务院出台了《关于进一步深化电力体制改革的若干意见》[24]，意见指出，在进一步完善政企分开、厂网分开、主辅分开的基础上，按照管住中间、放开两头的体制架构，有序放开输配以外的竞争性环节电价，有序向社会资本开放配售电业务，有序放开公益性和调节性以外的发用电计划；推进交易机构相对独立，规范运行；结合我国国情，继续深化对区域电网建设和输配体制研究；进一步强化政府监管，进一步强化电力统筹规划，进一步强化电力安全高效运行和可靠供应。

3.2.2 电信行业现代企业制度实践

2013 年中共十八届三中全会指出，积极发展混合所有制经济，根据不同行业特点实行网运分开，放开竞争性业务，推进公共资源配置市场化。为贯彻中共十八届三中全会精神，民营资本进入电信行业和电信产业的"网业分离"将成为中共十八届三中全会后电信产业继续深化市场化改革的两大亮点。

2014 年 7 月 18 日，中国通信设施服务股份有限公司（根据存量和铁塔数量，其股权划分为中国移动 40%、中国联通 30.1%、中国电信 29.9%）的正式成立，标志着我国电信产业开始实施"网业分离"模式。铁塔公司领导层表示，铁塔公司将按照混合所有制的公司发展体制设计，引入市场化的机制，这是国企改革和发展混合经济的有益探索。未来铁塔公司建设将引入民间资本，使国有资本和非公有资本相互交叉、相互融合，实现铁塔公司上市，逐步建立和完善现代企业管理制度[25]。

3.2.3 民航行业现代企业制度实践

民航经济体制改革始于 1984 年中共中央《关于经济体制改革的决定》。1987 年开始，民航开始实施政企分开的体制改革[26]。1988—1994 年，民航先后制定允许地方政府、国内企业和公民投资民航企业和机场的规定，开始了投资体制改革。同时，民航开始向外资开放，允许外商投资航空公司、机场、飞机维修和民航相关企业。

根据中央完善社会主义市场经济体制和深化国有资产管理体制改革要求，民航 2002—2004 年进行了"航空运输企业联合重组、机场属地化管理"为主要内容的改革[27]。理顺行业管理体制的同时，民航在市场准入、价格等方面，以市场为导向的改革也不断深化。2005 年《国内投资民用航空业规定》正式发布施行，放宽对所有权的限制，鼓励民营资本进入民航业，目前已有多家民营航空公司参与国内市场竞争。

2008 年，民航按照第十一届全国人民代表大会第一次会议关于国务院机构改革方案的决定的要求，进行新的民航行政管理部门的改革。

2013 年，按照中共十八届三中全会精神要求，民航继续推进和深化经济体制改革，处理好政府和市场关系，建立更加透明、更加完善的民航现代化市场经济体系，实现民航产业积极健康发展。

3.2.4 我国网络型行业现代企业制度改革实践的启示

综上所述，我国电力、电信、民航等网络型行业在一定程度上都进行了现代企业制度的改革。以上改革对于我国铁路现代企业制度建设具有一定的启示作用。

1. 网络型行业现代企业制度改革的主要特点

（1）产权明晰。通过产权的重新界定，建立一个在法律上强有力的产权制度，以实现产权关系明晰化。通过明晰产权关系，企业成为真正的自主经营、自负盈亏的市场竞争主体。

（2）权责明确。出资者按投入企业的资本额享有所有权的权益，即资产受益、重大决策和选择管理者等权利，但当企业亏损或破产时，出资者只对企业的债务承担以出资额为限的有限责任；出资者不直接参与企业的具体经营活动，不直接支配企业的法人财产。

（3）政企分开。要明确政府和企业的职能划分，充分发挥政府宏观调控的职能，也要使企业成为市场配置资源的主体，实现自主经营，不断提高劳动生产率，增强企业的经济效益。

（4）管理科学。企业内部形成合理的运营及治理机制，实现企业组织的合理化、各方面管理的科学化，应用先进的管理方式，调动企业员工的积极性、创造性。

（5）网运分开。根据不同行业的自身特点实行网运分开，充分放开竞争性业务，实现行业资源配置的市场化。企业通过市场配置资源来实现发展，而不是只依赖行政手段来配置资源。进一步破除各种形式的行政垄断。

2. 网络型行业现代企业制度改革的主要成效

（1）现代企业制度改革使政府职能得以转变，不再对企业进行行政干预，放手让企业自主经营，在电力、通信、航空等领域初步形成政府宏观调控和有效监管下的公平竞争、开放有序、健康发展的市场体系。

（2）通过现代企业制度改革，"网业分开""厂网分开"等得以实现，诸多垄断的经营模式得以打破，越来越多的竞争性业务得以释放。以市场为资源配置的决定性作用为导向，电力、通信、航空等领域的市场体系得以进一步完善，增强了企业自身发展活力和市场竞争力。

（3）以现代企业制度为基础，能够进一步推进电力、通信、民航等领域的投融资体制改革，各类社会资本顺利进入上述领域，实现了企业产权、股权多元化，为企业自身持续健康发展提供有力资金保障，并为混合所有制改革奠定了良好基础。

3．网络型行业现代企业制度改革实践的启示

（1）加强党的领导和顶层设计。

由于其特殊的行业特点，网络型行业国有企业改革之中的网运关系调整以及现代企业制度建设始终是两个重要的问题，企业推进改革的积极性不高，容易出现等完"指导意见"再等"实施意见"，等完"实施意见"再等"实施细则"的情况。在系统内改革意愿不强的情况下，党对网络型行业现代企业制度建设的顶层设计和领导对于该类国有企业改革具有极其重要的意义。

（2）确立资本所有权的多元化和产权的明晰化。

在网络型行业的现代企业制度建设和发展过程中，资本所有权一直属于众多不同的所有者，资本所有权是多元化的。产权关系明晰，从而为实现所有权和经营权的分离提供前提条件。在铁路现代企业制度的建设过程中，要注意确立资本所有权的多元化和产权的明晰化，明确铁路企业的出资人和产权所有人，以利于铁路现代企业制度的建设。

（3）建立合理的现代企业组织制度。

所谓现代企业的组织制度，即关于企业核心组织机构的设置及其相互关系的制度，主要体现在企业的组织结构方面。在铁路现代企业制度的建设过程中要设立相关部门，为铁路现代企业制度的建设服务。在铁路系统中，非常有必要建立规范的组织制度，使企业的出资者（国家）、所有者代表（代表国家履行出资人职责并派董事进驻企业）、经营者（企业本身）有法可依，有章可循，由于各组织部门既相互独立又相互制约，所以可以最大限度地调动起各组织部门的监督权力，使组织制度能够完美落实[28]。

（4）完善现代企业制度的立法。

铁路现代企业制度和法治有着内在的联系。一方面，法治的完善和规范促进铁路现代企业制度的产生和发展；另一方面，铁路现代企业制度正常运转要求具备相应的法治环境，尤其是铁路公司制企业法人地位的确认。铁路公司的设立、运行、合并、兼并、破产等程序的法制化，为铁路现代企业制度的发展方向、准则、竞争秩序、组织与管理等提供规范的法律保障，清除企业演进道路上的障碍，有效地避免企业制度发展过程中的混乱，从而保障铁路现代企业制度沿着规范化、秩序化的方向发展。

（5）合理发挥政府作用。

从企业制度的演进史看，政府在现代企业制度的产生和发展过程中发挥了重要作用。对于铁路这样的网络型行业而言，政府的作用主要体现在：制定法律，明确铁路企业的地位、设立条件、运作、合并、分立、清算程序和方法，以及铁路企业的内外部关系；运用财政政策、货币政策、产业政策，从宏观上影响、引导、制约铁路企业的生产经营行为；在非常时期运用必要的行政手段直接干预铁路企业部分活动；建立社会保障体系；促进市场发育，维护市场秩序等。政府一般并不直接干预铁路企业具体的生产经营活动，而是着重为铁路企业制度的产生和发展创造良好的外部环境，规范或明确铁路企业的地位、组织和行为等。

3.3 建立铁路现代企业制度是全面深化铁路改革的必然选择

中共十八届三中全会明确提出，国有企业改革必须进一步完善国有企业现代企业制度的建设。全面深化铁路改革作为国有企业改革的重要组成部分，是全面深化改革的重点与难点，因此建立铁路现代企业制度是全面深化铁路改革的必然选择。

3.3.1 建立现代企业制度是完善社会主义基本经济制度的必然要求

铁路是国民经济的大动脉，在我国经济社会生活中发挥着重要作用，是国有资产的重要组成部分。因此，应从完善和发展社会主义基本经济制度的角度，充分认识建立铁路现代企业制度的重要性与紧迫性。

目前，我国通信、石油、电力、银行等行业对现代企业制度改革均进行了卓有成效的探索和实践，特别是中共十八届三中全会以来，这些行业的改革得以进一步有序推进。然而，铁路由于自身发展严重滞后及其行业特性，其现代企业制度改革一直难以取得突破。全面深铁路改革作为国企改革的重要组成部分，推进现代企业制度改革刻不容缓。

中共十八届三中全会通过的《中共中央关于全面深化改革若干重大问题的决定》[17]中明确提出，要"完善现代产权制度""推动国有企业完善现代企业制度"等。由于产权是所有制的核心，铁路只有在现代企业制度下才能实现产权归属清晰、权责明确、保护严格、流转顺畅，从而促进社会主义基本经济制度在铁路行业的完善和发展。

3.3.2 建立现代企业制度为全面深化铁路改革创造有利条件

2013年，国家铁路局及中国铁路总公司的成立实现了中国铁路的政企分开，但是目前铁路网运合一的运营模式，客观上导致在铁路投融资体制、公益性补偿以及改革与发展的关系等方面仍存在着较多障碍，难以发挥市场在资源配置中的决定性作用。在现代企业制度下，铁路将构建产权清晰的混合所有制公司，实现政企分开、政资分离，形成竞争导向的铁路运输业运营管理模式，不断促进铁路产权制度、投融资体制、公益性补偿机制等机制的完善，促进铁路管理体制改革进一步向前推进。

（1）党的十八届三中全会对自然垄断企业提出了"根据不同行业特点实行网运分开、放开竞争性业务，推进公共资源配置市场化，进一步破除各种形式的行政垄断"的重要论断。笔者认为，根据上述重要论断以及国内外大型企业网运分离的实践与经验，目前我国铁路经营管理体制极有可能以路网的统一性和运营的灵活性为目标，实现"统分结合的网运分离"，即以成立国有资本独资或控股的一个大、统、全的路网公司和由各类资本举办的众多小、精、专的运营公司为主要实现形式[29]。可见，建立基于公司制的铁路现代企业制度、基于统分结合的网运分离二者统一于全面深化铁路改革进程之中，相互促进，密不可分。

（2）建立现代企业制度是实现国有资产产权流转的前提条件。根据党的十八届三中全会通过的《中共中央关于全面深化改革若干重大问题的决定》[17]的有关精神，国有企业的改革需以国有资产产权保护与流转为核心。国有资产产权流转是铁路处理中长期债务的有效方式，而国有资产的界定需要一个制度健全且产权清晰的公司。同时，为了避免改革进程中铁路国有资产的流失，也需要在全面深化铁路改革进程中尽早建立现代企业制度，以便开展铁路国有资产的清产核资、产权登记、统计报告以及资产评估。

（3）建立现代企业制度是铁路建立公益性补偿机制的基础。目前铁路已经顺利实施了政企分开，而作为企业需要自负盈亏，但不可避免的是铁路承担着社会大部分的公益性运输。2013 年 3 月 14 日，国务院印发《国务院关于组建中国铁路总公司有关问题的批复》（国函〔2013〕47 号），明确提出，要加快建立铁路公益性运输补贴机制。而公益性补偿机制的建立需要依托于具有明确的公益性运输承担主体与补偿资金的获得主体且体制健全、产权清晰的公司。可见，作为公益性运输补贴机制的基础，建立铁路现代企业制度迫在眉睫。

3.3.3　建立铁路现代企业制度是铁路企业运行机制的客观要求

我国铁路运输业在运营管理中凸显出很多问题且亟待解决，比如长期投资不足、财务负担沉重、铁路效率低下、入不敷出等。通过建立现代企业制度，铁路实现以股份制建立混合所有制企业，以公司制为经营方式。产权多元化的实现将搭建吸引社会资本投资铁路的平台，有效拓宽铁路投融资渠道，促进铁路投融资机制的进一步完善。在现代企业制度下，铁路运输企业将以市场为导向，完全自主经营，自负盈亏，针对企业承担的社会责任（如救灾、学生运输、军事运输等），国家必须根据相关法律规定，通过合理的铁路公益性补偿经济标准核算方法给予相应铁路运输企业财政补贴，提高铁路行业利润率，保障经营性铁路的利益。同时，在现代企业制度下，铁路企业内部将形成合理的运营及治理机制，实现企业组织的合理化、管理的科学化。现代企业制度下先进的管理方式，将充分调动铁路运输企业员工的积极性、创造性。

3.4 我国铁路现代企业制度改革的基本思路

中共十八届三中全会提出"推动国有企业完善现代企业制度""国有资本继续控股经营的自然垄断企业，实行以政企分开、政资分开、特许经营、政府监管为主的改革，根据不同行业特点实行网运分开、放开竞争性业务，推进公共资源配置市场化，进一步破除各种形式的行政垄断"。我国铁路现代企业制度改革要以上述要点为指导，并以此为指南对铁路现代企业制度的改革目标、改革路径等进行设计，推进铁路现代企业制度改革和整个全面深化铁路改革事业的顺利进行。

3.4.1 我国铁路现代企业制度改革的总体目标

中共十八届三中全会指出，国有企业改革必须适应市场化、国际化的新形势，必须以规范经营决策、资产保值增值、公平参与竞争、提高企业效率、增强企业活力、承担社会责任为重点，进一步完善国有企业现代企业制度的建设[17]。按照现代企业制度的内在要求，我国铁路现代企业制度改革的总体目标就是建立具有产权明晰、权责明确、政企分开、管理科学特点的铁路现代企业。

铁路建立现代企业制度就是在企业建立规范化的法人财产制度、有限责任制度和法人治理结构，使之成为政企分开、产权明晰、权责明确、管理科学的市场经济主体。在国家宏观调控下，更好地发挥铁路在国民经济中大动脉的作用，更有效地提高铁路的经济效益和社会效益。

应坚持深化国有企业发展现代企业制度的正确方向，把铁路运输企业改造成公司法人——有限责任公司或股份有限公司（其股权可视需要由国有资本以及各类非国有社会资本广泛构成），实现铁路产权关系明晰化、权责明确化，并在铁路企业内部形成合理的运营及治理机制。

3.4.2　我国铁路现代企业制度改革的实施路径

根据我国铁路现代企业制度改革的总体目标，重点围绕全面深化改革"六步走"建议[①]中的网运关系调整[②]来制定符合我国国情和路情的现代企业制度改革实施路径。

我国铁路工程、装备、资本等领域已建立起了较为完善的现代企业制度，而路网和运营领域尚未完全建立起现代企业制度，或现代企业制度的建立有待规范。因此，本节将以路网和运营领域的现代企业制度建设为重点，提出我国铁路现代企业制度改革的实施路径。

1．改革准备阶段的现代企业制度建设

铁路改革准备阶段是全面深化铁路改革"六步走"建议中的第一步，其中涉及现代企业制度改革的内容主要包括：① 对中铁总下属的17 家非运输主业单位及 18 个铁路局进行改制；② 在完成对 18 个铁路局的改制后，对中铁总本级进行改制。

（1）非运输主业及 18 个铁路局改制阶段的现代企业制度建设。

① 17 家非运输主业的公司制改革：可综合考虑实际改革需要，经多方考评后，选择合适的几家公司为对象，在中铁总框架下对其进行重组整合，建立并规范改制后公司的现代企业法人治理结构。

② 18 个铁路局公司制改革：首先，明确各铁路局改制后的出资人。截至 2017 年 11 月 19 日，中国铁路总公司下设的 18 个铁路局（公司）均已完成公司制改革。改制后的 18 个铁路局集团均为中铁

---

① 作者关于全面深化改革"六步走"建议包括：① 改革准备阶段；② 运营业务公司化阶段；③ 网运分离阶段；④ 路网整合阶段；⑤ 成立中国铁路国有资本投资运营公司阶段；⑥ 配套改革阶段。

② 网运关系调整涵盖全面深化改革"六步走"建议的前四个阶段。

总的全资子公司，因此，铁路局改制后不设股东会，仍由中铁总行使出资人职权。

其次，完善现代企业法人治理结构。完成公司制改革后的 18 个铁路局集团虽然设立了董事会、监事会、经理层，并设公司党委会，还建立了职工董事、职工监事制度，但从其高管名单分析，截至 2017 年 12 月 2 日，其法人治理结构尚不完善，存在董事会规模及结构不规范、经理层与董事会成员高度重合、监事会构成不完善等问题，应按照现代企业制度的标准规范其法人治理结构，进一步规范建设各铁路局集团董事会、监事会、经理层制度。

（2）中铁总改制阶段的现代企业制度建设。

① 明确中铁总出资人：中铁总要进行现代企业制度改革，出资人一定要明确。综合分析财政部与国资委作为中铁总出资人利弊之后，建议采取财政部作为铁总出资人代表，国资委负责指导中铁总本级改制的现代企业制度建设的出资人方案。

② 建立现代企业法人治理结构：中铁总（或改制后的国家铁路集团有限公司）需要建立符合社会主义市场经济体制的现代企业法人治理结构，通过公司治理结构中决策权、执行权、监督权的合理配置，董事会、监事会、经理层各司其职，均衡利益，协调运转，达到股东和利益相关者的利益最大化。

2．运营业务公司化（运营资源整合）阶段的现代企业制度建设

运营业务公司化（运营资源整合）阶段是全面深化铁路改革的第二阶段，重点是推进以下三项工作：① 做实、做大、做强三大专业运输公司（中铁集装箱运输有限责任公司、中铁特货运输有限责任公司、中铁快运股份有限公司）；② 对于 2013 年以来成立的一批货运营销中心的一部分，可根据铁路向现代物流转型发展的实际需要，按照公司制和股份制的思路，由中国铁路总公司及 18 个铁路局集团以交叉持股的形式，将其划转进入三大专业运输公司；③ 对于 2013 年以来成立的一批货运营销中心的另一部分，则按照现代企业制度孵化、整合成若干个类似三大专业运输公司的货运运营公司。以上三大专业运输公司与若干个新增的运营公司（简称为"3＋N"）构成铁路运营领域的

骨干。运营业务公司化阶段的实质是在中铁总的框架下实现初步的、事实上的网运分离。

（1）明确各运营公司出资人：在这一阶段，货运运营公司均为中铁总及 18 个铁路局集团的全资控股公司。但是，随着铁路改革的推进，待各货运运营公司发展到一定程度，中铁总及 18 个铁路局集团将这一批运营公司推向市场时，各类资本均能举办运营类公司，铁路运营市场也得以充分放开（也即进入了网运分离阶段）。届时货运运营公司的出资人构成也会变得多样化，三大专业运输公司也同样可以参与进来，各类资本都可成为货运运营公司的出资者。

（2）建立运营公司现代企业法人治理结构：货运业务公司化后，由若干个货运营销中心整合形成新的运营公司是中铁总及 18 个铁路局集团的全资股份制公司，在各货运运营公司中，中铁总及各铁路局集团交叉持股，因此需要建立具有现代企业制度的法人治理结构，形成由股东大会、董事会、监事会、经理层构成的相互制衡的现代企业法人治理结构。

3．网运分离阶段的现代企业制度建设

将前述第二阶段（即运营业务公司化阶段）中由中铁总及 18 个路局集团建立的一大批新的客、货运营公司推向市场，并允许各类社会资本举办铁路运营公司，铁路运营作为"竞争性业务"彻底面向市场开放（除铁路军事运输外），实现较为彻底的网运分离。

按照设想，未来在中国铁路运营领域将会形成"3＋N＋N"的局面，即 3 大专业运输平台、N 家铁路物流公司、N 家铁路客运公司并存发展。在逐步剥离运营业务促进形成"3＋N＋N"局面的过程中，现代企业制度的建立需协同运营业务的剥离同时进行。由于 3 大专业运输公司已经建立起了现代企业制度，需重点关注另外的 N 家铁路物流公司和 N 家铁路客运公司的现代企业制度建设，重点分析这两类若干家铁路运营公司的现代企业制度建设。

（1）明确各铁路运营公司的出资人：各客货运营公司已由中铁总及 18 个铁路局集团推向市场，无论是规模较小的社会资本还是其他类型的资本，均可参与到铁路运营中，客货运营公司出资人构成更加多样化。

（2）规范各铁路运营公司的现代企业法人治理结构：在运营业务公司化阶段建立的法人治理结构的基础上，进一步按照现代企业制度要求规范其法人治理结构。设立股东大会，股东由全体参与到铁路运营的各类资本所有者构成。同时，各运营公司的董事会成员构成、经理层人员选聘、监事会构成也需要相应革新。在上一阶段铁路改革的基础上，形成"从无到有，从有到全"的完善且符合标准的现代企业制度。

4．路网整合阶段的现代企业制度建设

路网整合阶段是网运关系调整的最后一阶段，其现代企业制度建设涉及以下几个方面：

（1）成立中铁路网（集团）有限公司：为体现现代企业制度以有限责任制度为核心，以产权清晰、权责明确、管理科学为条件的特点，可考虑将剥离了客货运公司的18个铁路局集团整合为一个统一的路网公司（可称为中国铁路路网〔集团〕有限责任公司），若条件不具备，可由中铁总直接运作路网整合相关事项。

（2）成立中铁路网集团股份有限公司：利用大秦铁路和广深铁路两家上市公司向资本市场发行股份，购买非上市公司的铁路路网资产，待两家公司形成控股中国铁路路网资产的形式时，将两家公司合并，成立中铁路网集团股份有限公司。

（3）建立并规范合并后新公司的法人治理结构：选举公司第一届董事、监事，交由股东大会审议，将市场机制引入对新公司经营者的选聘，完善公司治理制度。推进新公司经理人的职业化、市场化，建立包括任职资格认定、选拔、考核、激励、约束、培训在内的企业经营者管理体系。

5．铁路现代企业制度的进一步完善

（1）理顺中铁总与铁路各领域企业的关系。围绕我们关于铁路改革的"六步走"建议，理顺中铁总在不同改革阶段与各领域企业之间的关系，尤其是要理顺中铁总"瘦身健体"过程中与路网、运营、资本等领域企业之间的关系。

（2）规范董事会建设。董事会与经理层人员重合度不宜过高，确保董事会人员构成中的职工董事与外部董事比例，强化董事会在现代企业治理结构中的核心作用，规范铁路公司董事会建设。

（3）深化"三项制度"改革。深化和完善铁路公司劳动、人事、分配制度改革，建立铁路公司现代企业制度改革后转换经营机制的基本保障。

（4）推进配套改革实行的其他措施。建立配套的现代铁路企业法律法规体系，加快推进铁路企业经营管理者的市场化选聘制度，调整优化国有资本布局结构，加快在铁路各领域建立现代企业制度。

3.5　我国铁路现代企业制度运行机制

综合考虑铁路当前发展面临的严峻形势，以党的十八届三中全会以来国家对国有企业现代企业制度改革的相关文件为指导，我们认为，我国铁路现代企业制度运行机制应完善如下几个方面。

3.5.1　资产管理机制

进一步完善国有资产管理体制，尽快从"管资产"转变为"管资本"，组建国有资本投资运营公司是实现"管资本"的重要组织形式。国有资本投资运营公司代表国家行使出资人的权力，可以控股、参股其他类型企业，也可以在国有企业中引入非公有制资本，从而形成混合所有制。而其本身可以不开展其他商业性经营活动，也不干预其控股或者参股企业的日常经营。在这种组织形式下，原来的"国资委—国有企业"的两层结构将转为"国资委—国有资本投资运营公司—混合所有制企业"的三层结构。

根据《中共中央关于全面深化改革若干重大问题的决定》[17]的相

关精神，依法在铁路设立专门的铁路国有资产管理机构，使铁路国有资产管理走上制度化、法治化轨道。同时，新成立的铁路国有资产管理机构应该脱离行政序列，只管铁路国有资产的保值增值，不能再干扰铁路企业的经营活动。要总结经验，对铁路企业的"重大事项"加以界定，铁路国有资产管理机构相关意图应该通过其委派在铁路企业的董事长来实现，而不是用大而化之的一般号召来指导工作，尤其要避免发布那些以加大铁路企业风险来配合中心工作的一般号召，要避免既立法又执法的传统。

对于铁路而言，应以"管资本"为主提高资本配置和运营效率，推进资本优化重组。一是运营公司的重组，通过在企业内成立资产管理部门，负责对运营公司进行资产核算以及公司相关资产管理，在理清运营公司产权后，进行运营公司重组，形成由中国铁路总公司、各铁路局控股、参股的非上市股份有限公司的区域性运营公司，此时股权就是产权的体现；二是路网公司重组，首先成立建设与资产管理部门，理清路网公司产权后，负责今后一段时期内路网公司相关资产的管理，然后由中国铁路总公司主导进行路网公司整合重组，将各铁路局所属的路网公司重组为非上市的中国铁路路网集团股份有限公司。

3.5.2　企业治理机制

根据《中共中央、国务院关于深化国有企业改革的指导意见》（中发〔2015〕22号）有关要求，立足国有资本的战略定位和发展目标，结合不同国有企业在经济社会发展中的作用、现状和需要，根据主营业务和核心业务范围，将国有企业界定为商业类和公益类。国有企业的改革应该按照界定，分类推进改革，分类促进发展，分类实施监管，分类定责考核。

要贯彻关于党的十八届三中全会通过的《中共中央关于全面深化改革若干重大问题的决定》[17]相关精神，在铁路内部健全协调运转、有效制衡的公司法人治理结构；建立职业经理人制度，更好地发挥企业家作用；建立长效激励约束机制，强化国有企业经营投资责任追究；探索推进国有企业财务预算等重大信息公开。除此之外，铁路建立现代企业制度还必须严格根据相关公司法的规定，重整铁路企业内部治理结构，使决策者、监督者、管理者各就各位。

基于公司制的铁路现代企业制度，就应该充分配合企业的市场行为，在网运分离的基础上建立差异化的分类治理机制，并成立具备国有经济管理委员会、国有资本运营公司或国有资本投资公司、一般性经营性国有企业三个层次的经济管理体制，成立董事会、监事会和经理层等治理机构，使之成为社会经济中充满活力的细胞和组织。

3.5.3 债务偿还机制

截至 2018 年第三季度，中国铁路总公司负债突达 5.28 万亿，铁路债务形势严峻。借鉴日本国铁的改革：日本国铁清算事业团处主要依靠出售国铁部分地产、资产的方式处理债务，由于泡沫经济的影响，其继承的债务最终大部分由国家买单，未能有效处理。这种处理债务的方式效率虽高但易受市场大环境的影响，风险较高。

然而，以产权流转处理铁路中长期债务则具有明显优势：一是可以实现铁路的市场化运营，与资本市场接轨；二是可以有效处置铁路的中长期债务、缓解资金压力，对于推进铁路改革具有现实意义。

我国铁路以产权流转方式处置债务宜按"清产核资—产权调整—产权流转—债务偿还"四个步骤展开。运营公司和路网公司通过"清产核资—产权调整—产权流转—债务偿还"，实现产权的流转，实现企业化经营与竞争性结构，并实现铁路业与资本市场的对接，这对改善我国铁路建设过度依赖国家投资和债务融资的状况具有积极作用。以运营公司最多 100% 的股权，再加上路网公司最多 49% 的股权流转出来的资金，足以偿还所有的中长期债务。

3.5.4 投融资运行机制

运营公司首先形成由中国铁路总公司、各铁路局相互控股或参股的股份有限公司（非上市）的全国性或区域性运营公司。现代企业制度以市场经济为基础的特点要求运营公司根据市场行为进行调节，若具备上市条件，通过相关法律保障，要求中国铁路总公司、各铁路局逐步退出运营类公司，为各类社会资本参与运营类公司创造公平的环境，将中国铁路总公司、各铁路局控股或参股运营类非上市的股份有限公司，逐步转型成为社会资本控股、参股的股份有限公司，即运营公司最终完全由市场、经营性资金来投资，以出售股权的形式拓宽铁路企业的投融资渠道。

利用现代企业制度将非上市的中国铁路路网集团股份有限公司重组为混合所有制的中国铁路路网集团股份有限公司，实现产权多元化。同时，在路网公司，为了体现公共性，除了运行线等销售收入，要引入具有公共性的投资，如引入社保、养老基金等注资中铁路网，成立资产管理公司，对路网公司进行重组，然后引入海外战略资本，实现从资金单一的政策性公司向市场经济条件下的路网公司转变，有效防止国有资产流失和资本低估现象，保证产权改造公平公正，保障路网可持续发展。

3.5.5　公益性补偿机制

根据《中共中央、国务院关于深化国有企业改革的指导意见》（中发〔2015〕22 号），公益类国有企业可以采取国有独资形式，具备条件的也可以推行投资主体多元化，还可以通过购买服务、特许经营、委托代理等方式，鼓励非国有企业参与经营。在现代企业制度下，铁路运输企业应顺应市场的选择行为，按照自身成本效益原则选择提供何种运输产品，因此铁路运输产品的公益性与经营性能够得到自然析出。满足公益性补贴的线路提出补贴申请，由财政部指定社会审计机构或稽查机构对企业的核查结果进行审计，最后将企业自行核查的结果和第三方的审计报告交给财政部，财政部据此进行补贴。补贴资金纳入中央和地方财政预算，由中央财政按一定比例补贴政策性低价和无偿运输造成的损失，由中央和地方财政共同补贴由于维持区域开发造成的损失。

3.6　结束语

本章分析了全面深化铁路改革中建立现代企业制度的迫切性，给出了建立现代企业制度在改革路径、治理机制、运行机制、运营管理方面的建议，认为在铁路运输业建立基于公司制的现代企业制度不仅符合党的十八届三中全会的相关精神，而且符合新时期铁路深化改革的趋势。

铁路建立现代企业制度是一项复杂的系统工程，必须权衡各种利弊，对于铁路运输业公司制与股份制改革的探索仍在继续。当前应该加快完善全面深化铁路改革的制度环境和市场环境，调整铁路运输内部治理结构，全面深化对铁路行业的公司制改革，最终实现铁路现代企业制度的建立。

第 4 章　铁路混合所有制的总体构想[①]

4.1　引　言

2013 年中共十八届三中全会上明确提出了要积极发展混合所有制经济，鼓励国有经济和非国有经济融合等关于混合所有制改革的新提议[30]。产权改革将成为新一轮国有企业体制改革的重心。随着全面深化改革的不断深入，产权改革逐渐呈现出更多、更新的内涵。以产权改革来实现国有经济的战略性制度调整，将极大地完善我国的基本经济制度、提升国有经济的运行效率。

目前，我国铁路国有企业所有制形式较为单一，中铁总系统的企业国有资本均保持较高比例，铁路国有资本总体影响力与控制力极弱，亟须通过混合所有制改革扩大国有资本控制力，扩大社会资本投资铁路的比重。发展铁路混合所有制不仅可以放大铁路国有资本功能，提高国有资本配置和运行效率，还能够提升铁路国有企业的竞争力。

4.2　铁路混合所有制改革优势分析

1．有利于完善基本经济制度

铁路发展混合所有制经济是推进经济体制改革、完善基本经济制

[①] 本章由"铁路改革研究丛书"中《铁路混合所有制研究》主要观点构成。有关铁路混合所有制的详细分析，可参阅《铁路混合所有制研究》一书。

度的重要内容，其原因在于：① 铁路是国民经济大动脉、关键基础设施和重大民生工程，是综合交通运输体系骨干和主要交通运输方式之一，在我国经济社会发展中的地位和作用至关重要；② 铁路国有资本规模巨大，在现代化经济体系中占有重要地位。

2．有利于铁路国家所有权政策的实现

铁路国家所有权政策应对五个领域分类制定具体政策：① 路网具有公益性和垄断性，可由国家控股；② 运营具有商业性和竞争性，可充分放开；③ 工程、装备等领域虽然具有竞争性，但由于要体现中国高铁"走出去"等战略任务，政府仍应保持较高的股权，以体现国家意志。因此，铁路进行混合所有制改革，是铁路国家所有权政策的具体体现。铁路国家所有权要求对于可由社会资本适当参与的领域应向社会资本放开。

3．有利于推进铁路管理机制现代化

2013 年 3 月中国铁路迈出了"政企分开"关键一步，但其经营管理机制和水平基本沿袭原铁道部，市场机制在资源配置中发挥的基础性作用未能得到体现，铁路封闭性和垄断性特点导致铁路缺乏竞争。按照国家深化国有企业改革、发展混合所有制经济的迫切需求[31]，应当积极推进铁路产权改革，稳妥有序引入社会资本，促进铁路企业转换经营机制，推进铁路管理机制和水平现代化。

4．有利于构建铁路现代企业制度

铁路行业产权结构不合理主要表现为产权结构单一，现代企业法人治理结构不完善。发展基于产权多元化的铁路混合所有制，是社会主义市场经济发展的内在要求，也是当前全面深化铁路改革的必然要求。现代企业制度的核心是产权清晰、权责明确、政企分开、管理科学[32]。市场经济是基础，企业法人制度是主体，只有在市场条件下实现铁路产权多元化才能为建立铁路现代企业制度奠定基础。

5．有利于引入社会资本参与

铁路一直以来都是由国有资本绝对主导，甚至全部由国有资本投资、建设及运营。2014 年 11 月 26 日，国务院发布《国务院关于创新重点领域投融资机制鼓励社会投资的指导意见》，指出要加快推进铁路投融资体制改革，用好铁路发展基金平台，吸引社会资本参与，扩大基金规模。因此，铁路发展产权多元化的混合所有制是吸引社会资本参与铁路，推进铁路投融资主体多元化的必要途径。

6．有利于解决铁路中长期债务

截至 2018 年 3 月底，中国铁路总公司负债达 5.04 万亿元，较去年同期的 4.72 万亿元增长 5.8%，负债率达 65.27%。巨大的债务问题已经影响到铁路的正常建设和运营，解决铁路债务困局是当前铁路经济体制改革的迫切要求。在全面深化铁路改革进程中，通过铁路国有资产产权的流转实现企业化的经营，促进非公有资本参与铁路混合所有制改革是解决铁路中长期债务的有效方式。

4.3 铁路混合所有制改革的分类实施

铁路工程、装备两个领域的国有企业在 2003 年后移交国资委管理，并顺利在 A 股上市，含有国资股东的上市公司是理所当然的混合所有制企业，即铁路工程、装备两个领域的国有企业已经基本完成了混合所有制改革，但运营和路网两个领域还没有完成。铁路混合所有制改革先进行统分结合的网运关系调整，有利于分类推进[33]各运营公司和路网公司进行混合所有制改革。

4.3.1 铁路运营领域混合所有制改革

按照铁路网运关系调整（即"基于统分结合的网运分离"）"四步走"改革路径的有关构想，在保持三大专业运输公司国有资本控股的基础上，中铁总及 18 个铁路局集团公司孵化出的一大批运营公司将推向市场，全部为或改制为社会资本控股或参股的股份有限公司（若具备条件可上市），并允许各类社会资本进入铁路运营公司，铁路运营作为"竞争性业务"彻底面向市场开放（除军事运输和公益性运输外）。

1．建议中铁集通过铁龙物流整体上市

中铁铁龙集装箱物流股份有限公司（简称"铁龙物流"）是中国铁路系统第一家A股上市公司，公司大股东为中铁集装箱运输有限责任公司（简称"中铁集"）。近年来，铁龙物流不断在治理结构、管理体制和经营机制上进行变革和深化，将资本市场和铁路产业进行有效结合，成为资产质量优良、主营业务突出、盈利能力强、管理现代化的全国性企业集团。铁龙物流作为中铁集实际控制的唯一一家上市公司，具有完善的现代企业制度，总公司设股东大会、董事会、监事会和经理层。建议未来其母公司中铁集陆续将较好的资产和业务注入铁龙物流中来，实现中铁集通过铁龙物流整体上市。

2．建议中铁快运、中铁特货借壳上市

借壳上市是非上市公司通过把资产注入一家市值较低的已上市公司（壳公司），得到该公司一定程度的控股权，并利用其上市公司地位，使本公司的资产得以上市的做法。例如，2017年2月24日顺丰借壳鼎泰新材上市。中铁快运、中铁特货旗下还没有上市公司，因此可以采取借壳上市的方式进行。中铁快运目前没有盈利，建议首先在海外上市，使其能够尽早募集资金参与铁路网运关系调整，待条件具备时可再安排在国内A股上市。

3．建议新的运营公司在具备条件时直接上市（IPO）

铁路运营类业务属于充分竞争性业务（铁路军事运输和公益性运输除外），应彻底面向市场开放。按照现代企业制度孵化、整合而成若干个类似三大专业运输公司的货运运营公司，应稳妥有序引入其他国有资本、民营资本，形成产权多元化的现代企业治理结构。通过相关法律保障，逐步调整（主要是逐步减少）中铁总和各铁路局集团公司股权比例，将中铁总和各铁路局集团公司控股、参股运营类非上市的股份有限公司逐步转型成为社会资本控股、参股的股份有限公司。在实现股权流转之后，若条件具备，应立法禁止中铁路网公司（由中铁总及18个铁路局集团公司整合而成）直接面向货主或旅客从事客、货运业务，强制中铁路网公司彻底退出运营类公司，其目的在于为各类社会资本参与运营类公司创造公平环境。

4.3.2 铁路路网领域混合所有制改革

在实现网运分离之后，由中铁总实施全国路网资源整合，以期在条件成熟时成立由路网资产组成的中国铁路路网（集团）有限责任公司（或股份有限公司）。现有各铁路局集团公司继续保留并成为路网公司的子公司，各铁路局集团公司的调度所可作为路网公司的数个区域调度中心（或派出机构）。整合后的路网公司将减少或消除目前各铁路局集团公司之间基于自身利益的相互纠缠，有利于在保证安全正点的前提下提高运营效率。

1. 路网领域的交叉持股

路网领域首先应着重完善路网公司的出资人制度、改善公司治理结构和公司运行机制，加快路网公司与铁路工程、装备、水运（港口）、航空、公路和其他领域（主要是煤炭、钢铁、水泥、粮食等）国有大中型企业交叉持股工作。路网领域的交叉持股目的在于：一是从出资人角度以资本联合形式促进产业融合，实现多方资源的整合；二是优化股权结构，实现股权的多元化，并以股权为纽带，加深企业之间的联系；三是构建牢固的战略联盟，提高企业整体市场竞争力，对于后续的铁路路网的混合所有制改革具有重要意义。

2. 路网领域是否实施混合所有制改革的探讨

如果强调路网领域提供公共产品、承担社会责任、维护国家安全等属性，且路网领域形成了庞大的国有资产，在进行混合所有制改革时把控不当可能出现国有资产流失，那么路网公司可以继续保持国有独资的法律形式；如果考虑到混合所有制的优势，在保持国家控制力的同时，路网公司采用混合所有制公司的法律形式不仅能够促进铁路现代企业制度的建立，增强企业活力，而且能够扩大国有资本控制力，增强企业抗风险能力，因此在路网领域发展国有控股的混合所有制也是具有积极意义的。我们认为，如果铁路国家所有权政策允许路网公司不以国有独资公司的形式存在，那么有必要择机实施路网公司混合所有制改革。在这种情况下，基于铁路路网基础性地位和对国家经济安全等重要战略地位,路网混合所有制改革应当由国有资本绝对控股、各类社会资本参股。

3．基于交叉持股的混合所有制改革

路网层面的混合所有制改革可以利用中铁总实际控制的广深铁路股份有限公司（简称"广深铁路"）和大秦铁路股份有限公司（简称"大秦铁路"）两家上市公司运作。由于大秦铁路和广深铁路具有上市公司的"身份"，因此可以不断向资本市场发行股份，购买非上市公司的铁路路网资产，并逐渐把中国铁路路网资产打包装入大秦铁路和广深铁路两家上市公司。在大秦铁路和广深铁路两家上市公司基本掌握全国路网的股份后，可以参考中国北车和中国南车合并，将大秦铁路和广深铁路两家上市公司合并，成立中铁路网集团股份有限公司（18 个铁路局集团公司在分离出运营业务后成为中铁路网的子公司）。

4.4 铁路混合所有制改革的保障机制

全面推进铁路混合所有制改革各项改革工作，应建立健全相关配套改革保障机制，主要包括以下五方面的内容。

1．顶层设计

国家铁路改革咨询委员会下设铁路混合所有制专门委员会，主要工作包括但不限于研究并提出铁路混合所有制改革的总体目标、基本原则、基本要求、实施路径等决策参考意见。笔者建议，按照铁路混合所有制改革目标和路径，逐步推进改革顺利实施，并充分考

虑铁路运营与路网的不同属性，分类制定各具特色的混合所有制实施路径。

2．政策保障

推进铁路国有企业混合所有制改革，需要国家加大政策支持。国家应加强政策引导，鼓励拓展与铁路运输上下游企业的合作，采取国铁出资参股、设立合作平台公司等方式，促进铁路资本与社会资本融合发展。探索股权投资多元化的混合所有制改革新模式，对具有规模效应、铁路网络优势的资产资源进行重组整合，吸收非公有资本入股，建立市场化运营企业。

3．法律保障

一是铁路依法进行混合所有制改革，立法决策要主动适应和服务混合所有制改革需要，加快建立健全混合所有制经济相关法律法规和规章制度体系，确保改革于法有据[34]。二是铁路国有企业依法重组，即铁路运输企业按照什么模式重组，用什么方式进行重组[35]，才能充分整合铁路资源（特别是路网资源、运营资源），提高铁路国有企业的经营效益，都需要法律予以支持。三是铁路混合所有制企业的市场化运营，需要以法律的形式进行规范。

4．宣传保障

加强舆论宣传，做好政策解读，对铁路混合所有制改革的顺利推进具有重要作用。其主要任务是阐述铁路混合所有制改革目标和方向，通过对国情、路情与运输市场的分析，逐渐统一社会各界对铁路混合所有制改革的必要性和紧迫性的认知。同时还应该深入开展宣传思想工作，积极解释疑惑，引导干部职工理解改革、支持改革，确保队伍稳定。

5．人才保障

积极探索推行铁路混合所有制职业经理人制度。推行铁路职业经理人制度，关键在于"去行政化"，真正把铁路职业经理人作为一种

"职业"而不是"官位"，从根本上消除铁路企业经理人员的国家干部身份和行政任命制所带来的弊端（从长远来看，这项工作势在必行，但应尽可能分阶段、分步骤实施）。选拔铁路职业经理人要坚持内部培养和外部引进相结合，国资监管机构重点从铁路现有经营管理人员中培养、提拔职业经理人，有序推动铁路现有经营管理者向职业经理人整体转换。

4.5　结　论

本章在分析铁路混合所有制改革优势的基础上，结合分类改革的理念，重点阐述了铁路运营和路网领域的改革思路，并构建了相应的保障机制。

本章建议：

（1）铁路混合所有制改革应先实行统分结合的网运关系调整，再进行后续各运营公司和路网公司的混合所有制改革。

（2）运营领域：运营业务是具有充分竞争性的业务，可通过产权流转，吸引社会资本进入以解决存量或增量债务，以包括国有资本在内的各类社会资本独资、参股或控股的形式实现混合所有制。

（3）路网领域：路网业务具有国家重要基础设施的特点，在国有资本控股从而确保国家对路网拥有控制权的前提下，可通过债转股等方式处置部分存量债务，吸引汇聚社会资本投资路网以解决增量债务。

（4）保障机制：应从加强顶层设计、政策保障、法律保障、宣传保障和人才保障几个方面构建并完善保障机制，为铁路混合所有制改革提供制度支撑。

第 5 章 铁路投融资体制的总体构想①

5.1 研究背景与意义

我国铁路建设资金结构不合理、投融资渠道单一的现象长期存在，直接导致铁路负债规模不断增大，铁路债务风险持续累积。尽管国家、各部委、中国铁路总公司已经出台一系列铁路投融资体制改革的政策、文件，阻碍社会资本投资铁路的"有形门"已被彻底打破，但社会资本投资铁路的积极性仍然不高，阻碍社会资本投资铁路的"玻璃门"仍然存在。随着《中长期铁路网规划（2016—2030）》（发改基础〔2016〕1536号）的公布实施，上述问题必将更加突出。因此，铁路投融资体制改革已成为当前全面深化铁路改革的关键问题之一[36]。

近年来，我国投融资体制改革取得了重要进展，特别是2016年7月《中共中央、国务院关于深化投融资体制改革的意见》[37]（中发〔2016〕18号）（以下简称《意见》）公布实施，对于深化铁路投融资体制改革具有重要指导意义。本章将在分析我国铁路投融资体制改革背景与目标的基础上，借鉴其他行业的投融资改革实践经验，剖析阻碍社会资本投资铁路"玻璃门"[38]的成因，并根据上述《意见》提出破除"玻璃门"的相应对策，以供决策部门参考。

---

① 本章由"中国铁路改革丛书"中《铁路投融资体制研究》主要观点构成。有关铁路投融次体制的详细分析，可参阅《铁路投融资体制研究》一书。

5.2 铁路投融资体制改革的目标与任务

5.2.1 我国铁路投融资体制改革的既有实践

1.我国促进社会资本投资铁路的主要政策

自加入世贸组织以来，政府和有关部门早已表现出鼓励和引导社会资本进入铁路的意愿，相继出台了一系列政策性文件。2004 年商务部颁布了《外商投资产业指导目录》，指导铁路对非公有资本初步开放的"四大领域"。随后，铁道部发布了《推进投融资体制改革的实施意见》等一系列文件，社会各界逐渐对铁路投融资加大了关注力度。2013 年我国铁路"政企分开"之后，国务院以前所未有的高频率颁布了一系列全面深化铁路改革的政策文件，尤其在勉励和扩大社会资本投资建设铁路、综合开发铁路建设实施土地等具体层面上做出了重要指导。至此，铁路投融资政策已向社会开放，社会资本与铁路之间的"有形门"得以完全拆除。

2.社会资本进入铁路的既有实践

自铁路建设逐渐向社会资本打开大门以来，在国家各种政策的不断鼓励与引导下，社会资本逐渐开始进入铁路领域。几个典型案例如下：（1）2005 年石太铁路客运专线建设项目首次吸引了华能集团、太原钢铁集团等社会出资人参与投资；（2）2012 年 2 月新疆红柳河至淖毛湖矿区铁路工程总投资逾 102 亿元，由新疆广汇全额出资，是国家明确鼓励民间资本进入铁路市场后批准修建的第一条铁路；（3）2014 年新疆维吾尔自治区铁路建设投资 186.6 亿元，社会资本与国铁项目分别参与投资 102.5 亿元和 84.1 亿元，社会资本参与比例首次过半；（4）2014 年 10 月，中铁总与中国工商银行、中国农业银行、中国建设银行和兴业银行等四家银行共同设立铁路发展基金[39]；（5）2014 年 12 月，京津冀三省市政府与中铁总共同成立了京津冀城际铁路投资有限公司，初期注册资本 100 亿元由三省市政府及铁总以 3∶3∶3∶1 的比例组成[40]。

5.2.2　我国铁路投融资体制改革面临的挑战

随着《中长期铁路网规划（2016—2030）》（发改基础〔2016〕1536号）的公布实施，进一步拓宽投融资渠道已经成为实现规划目标的关键，新时期我国铁路投融资体制改革正面临如下挑战。

1．社会资本投资铁路的总量偏小、结构单一

目前进入铁路的社会资本成分中，大部分来自大型国企和地方政府，而数量更为庞大的民营资本与私人资本尚缺乏参与铁路投资的积极性，使得铁路融资结构单一、总量较小。（1）铁路发展基金以及铁路投资公司的成立，为大型国资进入铁路创造了良好的条件。这种模式目前只适用于大型国资，并且短期内盈利情况并不理想，广泛而零散的社会资本仍然缺乏进入铁路的动力。（2）自2011年下半年原铁道部首次出现大面积资金缺口以来，铁路建设资金缺口正以惊人的速度扩大[41]。然而目前参与铁路投资的社会资本总量很小，不能从根本上缓解铁路建设发展资金压力。

2．铁路投资项目融资难、融资贵问题较为突出

（1）融资难问题。

我国铁路建设主要方式是银行贷款、国家财政拨款、铁路建设基金和少量铁路自有留利资金，然而前期建设项目普遍没有达到35%的资本金比例底线，通常由商业银行或政策性银行贷款补足。政企分开之后，铁路向商业银行申请贷款时会经历更为严格的风险评估，贷款难度加大，门槛提高。可见，铁路投资项目融资渠道狭窄问题十分突出。

（2）融资贵问题。

近年来随着铁路基建投资持续高位运行，我国铁路形成了以负债为主的筹融资模式[42]。2018年三季审计报告显示，2018年前三季度，中铁总负债合计达5.28万亿元，负债率65.24%，相比2017年，中铁总的债务增量为2 900亿元左右。负债创下历史新高的同时，负债利息也从上半年的356.03亿元增长到了492.69亿元。可见，铁路投资项目融资贵问题也十分突出。

3．铁路投融资体制受到体制机制的明显制约

我国铁路长期实行网运合一的管理体制，铁路投融资体制改革受其制约十分明显。一是国家铁路（中铁总）拥有调度指挥权，社会资本背景的铁路在运输组织上不可避免地受制于国家铁路，特别是在运能运量矛盾突出的情况下更加严重。投入巨资修建的铁路，在运营上却几乎没有自主权，极大地打击了社会资本投资铁路的积极性。二是铁路属于网络型自然垄断行业，一般具有投资规模较大的突出特点，社会资本（特别是民营资本、私人资本）一般规模较小，很难与铁路投资项目相适应。

以负债为主的铁路投融资模式抗风险能力极为脆弱，极易受到国家政策和经济形势的影响，难以保证铁路建设的可持续发展。铁路为了支撑该模式下的还本付息，必须在行业内部通过"统收、统支、统分"的清算手段实行多层次交叉补贴[44]，这样不仅扭曲了价格，而且对进入铁路的各类社会资本（包括银行贷款、非铁路国有资本、民营资本与私人资本等）产生了挤出效应。

可见，铁路投融资体制改革不宜单方面进行，而必须与铁路领域的综合改革协调推进。新时期铁路改革目标与路径尚未明确，这是铁路投融资体制改革面临的最大挑战之一。

5.2.3　我国铁路投融资体制改革的目标与任务

1．铁路投融资体制改革的主要目标

李克强总理 2014 年 8 月在调研铁路发展与改革工作时曾经指出，"铁路投资再靠国家单打独斗和行政方式推进走不动了，非改不可。投融资体制改革是铁路改革的关键，要以此为突破口，依法探索如何更好吸引社会资本参与"。2018 年政府工作报告中再次明确，落实鼓励民间投资政策措施，在铁路、民航、油气、电信等领域推出一批有吸引力的项目，务必使民间资本进得来、能发展。

可见，吸引社会资本投资铁路，在铁路领域积极发展混合所有制，是铁路投融资体制改革的主要目标。

2．铁路投融资体制改革的主要任务

为鼓励和引导社会资本进入铁路领域，国务院、有关部委相继发布了一系列促进和指导铁路投融资改革的政策、文件，社会资本与铁路建设之间诸多"有形门"相继被破除，但是效果远不及预期，铁路基建资金来源比较单一，顽疾仍然存在。因此，打破阻碍社会资本进入铁路领域的"无形门""玻璃门"便成为新时期铁路投融资体制改革的主要任务。

5.3 我国非铁路运输行业投融资改革实践与启示

改革开放以来，我国在电力、民航、通信等行业发展中都积累了宝贵的实践经验，对于铁路投融资体制改革具有重要参考价值。

5.3.1 我国非铁路运输行业投融资改革实践

（1）在电力领域，国家电网根据 1996 年《国家电力公司组建方案》等实现了政企分开。2002 年国务院发布《电力体制改革方案》后，进一步实现了"厂网分离"，重组成立国家电网公司、南方电网公司、五大发电集团公司和四大辅业集团公司，组建了多种所有制的发电企业、地方电网企业以及中国电建、中国能建等辅业，推进电力市场化改革。根据中共中央、国务院关于电力体制改革的意见（如《关于推进电力市场建设的实施意见》），目前正在进行"新电改"，其亮点在于网售分开，培育多种售电主体，实现发电、输送、售电分开[45]。

（2）在民航领域，1988 年之后，我国民航逐步向地方政府、国有企业、普通公民以及外资实行投融资开放政策，允许外商投资航空公司、机场、飞机维修和相关企业。从 2002 年开始，民航进行了以"航空运输企业联合重组、机场属地化管理"为主要内容的改革[46]，在市场准入、价格等方面也不断深化市场化改革。根据 2005 年《国内投资民用航空业规定》，民航放宽了所有权限制，鼓励民营资本进入民航业，现已有多家民营航空公司参与国内市场竞争。

（3）在通信领域，2014 年 7 月 18 日，中国通信设施服务股份有限公司（铁塔公司）正式成立，标志着我国电信产业开始实施"网业分离"模式[47]。铁塔公司以混合所有制的发展体制为设计理念，引入了市场化机制，并积极引入民间资本参与国家民用空间基础设施建设，极大地促进了社会资本投资通信业的可能。

5.3.2　非铁路运输行业投融资改革主要启示

（1）初步形成特殊行业的网运分开改革模式。电网、通信网属于国家重要的基础设施，具有一定公益性且投资巨大，由国家投资建设与运营；而发电与售电端、直接面向客户的电信服务等属于竞争性业务，则由各种规模的社会资本参加。

（2）直接融资是以上行业的主要融资形式。通过股份制改造并建立现代企业制度，引入社会资本积极发展混合所有制，实现产权多元化。条件较好的企业甚至可以公开上市，进一步依托资本市场扩大直接融资的比重，有效解决了融资难与融资贵问题。

（3）注重市场在资源配置中的决定性作用。以上行业的投融资改革均以市场为导向，充分发挥了市场在资源配置中的决定性作用，在企业重组和产品设计等方面都遵循了市场导向的原则。

（4）投融资体制改革保障机制相对完善。以国家相关的政策文件为指导，对投融资改革进行顶层设计[48]，着力形成相对完善的保障机制。特别是基于资本市场的融资，直接纳入证监会、国资委等部门的监督管理之下，并受到广大投资者以及社会公众的直接监督，投融资过程有法依法、公开透明。

5.4　社会资本投资铁路"玻璃门"成因分析

前已述及，促进社会资本投资铁路是铁路投融资体制改革的主要目标，打破阻碍社会资本投资铁路的"玻璃门"是铁路投融资体制改革的主要任务。我们认为，"玻璃门"存在的根本原因与铁路产业特性以及管理体制密切有关。

5.4.1　铁路运营方面

铁路运营领域的"玻璃门"主要表现在以下三个方面。

（1）民资在运营上几乎没有自主权。我国铁路目前实行网运合一、高度融合的管理体制，国家铁路（中铁总）拥有调度指挥权，使得民资背景的铁路在运输组织上受制于国家铁路，尤其是在运能运量矛盾突出的情况下更加严重[51]。投入巨资修建的铁路，在运营上却几乎没有自主权，极大地打击了社会资本投资铁路的积极性。

（2）铁路利润率偏低，对社会资本缺乏吸引。以 2013 年交通运输行业利润率为例，国家统计局数据显示[52]，交通运输业的平均利润率为 9%～11%；水上运输、管道运输、道路运输分别为 18.2%、15.6% 和 12.5%；而铁路运输仅为 0.4%。与石油天然气开采业、房地产中介服务业以及信息传输和计算机服务业等高利润率行业相比，市场在铁路行业资源配置中难以发挥决定性作用，对社会资本缺乏吸引力。

（3）铁路公益性补偿机制存在严重缺陷。我国铁路具有很大的公益性，而铁路内部采取交叉补贴的方式对由公益性运输产生的损失进行补贴，极大地降低了铁路全行业的利润率，阻碍了社会资本投资铁路的积极性。

5.4.2　铁路建设方面

铁路建设资金与分散的社会资本在规模上差别甚大，民资投资铁路基建项目时仍然存在一定的"不适当性"，其"玻璃门"主要表现在以下两个方面。

（1）铁路建设投资动辄上百亿、上千亿元，社会资本规模难以适应[49]。以 2018 年中国福布斯富豪榜相关数据为例，前十位民营资本平均水平在 1 481 亿元左右，而超过 1 000 亿元以上的仅有 8 位。铁路建设需要规模庞大的资本金，即使是中国福布斯年度富豪榜排名前十的民营资本家，也需要投入其大部分或全部资产，甚至即使是全部资产也无法适应铁路建设所需的巨额资本金。可见，社会资本规模与铁路投资规模难以匹配。

（2）铁路建设投资回报周期长，不利于资金回收[15]。铁路项目建设周期一般需要 2~4 年，而收益回报的周期更长。例如，日本新干线建成投用后至少 8 年才实现盈利，而法国高速铁路 10 年才实现盈利。资金的回报周期偏长导致流转速度慢、投资风险高，使得社会资本进入铁路受到制约。

5.5　铁路投融资体制改革对策措施

未来铁路投融资实现可持续发展最有效、最根本的措施是加快铁路改革进程。中央经济工作会议已经要求加快推进中国铁路总公司股份制改造。铁路改革已经迫在眉睫，有关部门和企业应学习贯彻中央经济工作会议精神，结合铁路改革发展实际，制定中国铁路总公司股份制改造分阶段实施的推进方案。

按照轻重缓急和难易程度，我们建议抓紧推进以下工作：

（1）考虑到中铁总本级股份制改造方案还需要一定时间，应尽快实施中铁总改制为国有独资公司，以尽快发挥新的体制机制的作用，为中铁总本级股份制改造创造有利条件。

（2）三大专业运输公司应加快上市，充分发挥资本市场作用（特别应鼓励民航、公路、水运、快递、快运等领域的资本出资铁路运营企业，从"大交通"领域促进多式联运）。

（3）铁科院、中国铁投等条件较好的铁路非运输企业要加快股份制改造（条件具备时要上市）。

（4）有条件的客运场站、货运场站要把非行车业务拿出来与各地方实现混合所有制，实现属地化管理（交通港站的资本化、股份化、证券化有成功案例可供借鉴：青岛港 2015 年、2016 年、2017 年利润分别是 20.75 亿元、26.3 亿元、33.3 亿元；首都机场 2015 年、2016 年、2017 年利润分别为 16.4 亿元、17.8 亿元、26.0 亿元）。

（5）以中铁总全资的中国铁路投资有限公司（简称"中国铁投"）为基础，尽早成立中国铁路国有资本投资运营公司（简称"中铁国投"，与部分有实力的民营资本拟设立的"中铁民投"相对应），引入国有企业结构调整基金等国家级基金和有实力的各大央企、各地方铁投（交投）、有实力的民营资本向中铁国投出资；适时将铁路工程、装备领域国有企业的国有股份划转由中铁国投管理，实现国有资本在铁路工程、装备领域、路网、运营等领域内合理布局与流动。

我们认为，《中共中央、国务院关于深化投融资体制改革的意见》（简述《意见》）对于深化铁路投融资体制改革具有普遍的指导意义。但是，如果只从普遍性角度来研究鼓励社会资本进入铁路领域的对策措施，极有可能复制或延续目前社会资本难以进入铁路领域的尴尬情形。限于篇幅，本节仅从铁路产业特性和铁路管理体制两个角度提出深化铁路投融资体制改革的以下建议。

5.5.1 投融资体制的系统性原则

《意见》指出，"加快推进铁路、石油、天然气、电力、电信、医疗、教育、城市公用事业等领域改革""投融资体制改革与其他领域改革要协同推进，形成叠加效应，充分释放改革红利"。铁路网运合一、高度融合的经营管理体制，已经成为难以逾越的体制性障碍，是导致社会资本难以进入铁路领域在内的一系列深层次问题的根源，中国铁路亟须以网运分离为突破口的综合改革方案[36]。因此，必须将社会资本进入铁路领域改革这一看似独立的问题，纳入全面深化铁路改革进程之中，与网运关系调整、现代企业制度建立、混合所有制改革等问题统筹考虑、全面解决。

5.5.2 基于统分结合的网运分离

党的十八届三中全会通过的《中共中央关于全面深化改革若干重大问题的决定》（简称《决定》）对自然垄断企业提出了"根据不同行业特点实行网运分开、放开竞争性业务"的重要论断，对于全面深化铁路改革具有重要的指导意义。铁路路网具有网络性、基建所需资金规模巨大等特点，具有极强的天然垄断性。基于统分结合的网运分离主张在全国成立统一的铁路路网公司与一批铁路运营公司[53]。

（1）路网公司的投融资："路网统一"是按照现代企业制度的要

求，将铁路路网重组为一个大、统、全的国资控股的股份有限公司，以充分发挥国家基础设施的重要作用；路网公司由铁总代表国家持有不少于 51% 的股份，既能确保国家对中铁路网的绝对控股权，又能充分吸引社会保险基金、养老保险基金、其他各类国有资本、民营资本甚至私人资本投资路网建设与维护。

（2）运营公司的投融资："运营分离"是按照现代企业制度的要求，由各类社会资本举办一批小、专、精的客、货运运营公司[53]，各类运营公司根据自身需要向路网公司购买不同等级、数量的列车运行线，而无须承担路网建设的巨额资金，由此降低社会资本投资铁路运营领域的门槛[51]。

5.5.3　铁路现代企业制度的建立

建立具有"产权清晰、权责分明、政企分开、管理科学"特征的现代企业制度能够为铁路投融资体制改革创造有利条件。中国铁路总公司是依据《中华人民共和国全民所有制工业企业法》设立的国有独资企业，实行的是"统收、统支、统分"的收入清算体系，因而社会资本投资铁路在很大程度上存在体制性障碍。因此，应在条件具备时按照《中华人民共和国公司法》将中国铁路总公司改制成国有独资公司，在产权清晰的基础上向社会资本增资扩股才有可能实现，并进而形成国有资本、集体资本、非公有制资本等交叉持股、相互融合的铁路混合所有制形式。

5.5.4　铁路国有资本管理体制改革

随着我国国企改革步伐的不断加快，在重要行业成立或组建国有资本投资运营公司已成必然。铁路在我国交通运输业中至关重要，按照党的十八届三中全会确定的"管资本"、组建"国有资本运营公司""国有资本投资公司"的原则和方向，成立中国铁路国有资本投资运营公司是铁路改革的必然趋势。

结合我国国有企业改革政策以及铁路领域企业的发展现状，我们建议以中国铁路建设投资公司、中国铁路发展基金股份有限公司以及中国铁路财产保险自保有限公司为基础,成立或组建中国铁路国有资本投资运营公司,建立健全铁路现代企业制度建设,并以股权投资的形势参与铁路路网、运营、工程、装备等领域的实业企业的管理与运营,根据不同领域企业的特性而进行绝对控股、相对控股或是参股,不干预各领域企业的运作,从而实现铁路各领域企业的良好运营,合理规划、整合市场资源,优化铁路企业布局,进一步深化我国铁路投融资体制改革。

5.5.5　铁路混合所有制的建立

铁路领域要充分利用混合所有制、股份制、资本市场等方面的有利政策,扩大直接融资、股权融资比例。一是认真贯彻党的十八届三中全会通过的《决定》以及《关于国企改革的指导意见》和十九大精神,盘活现有铁路资产,以混合所有制为实现形式,加强铁路优质资产证券化,并以股权流转实现社会资本进入铁路领域。二是对于新增的铁路基建项目,要把基建所需巨额资金分割成股份,使各类社会资本都能"吃得下",从而能够充分发挥资本市场的作用,扩大直接融资的比重。三是在网运分离的前提下,可充分运用铁路数个上市公司作为平台到资本市场直接融资。

5.5.6　其他配套措施的完善

1．探索公益性补偿机制

我们不仅要科学合理界定公益性铁路和运输产品,明确铁路公益性补偿主体和对象,建立铁路公益性补偿经济标准核算方法,还应针对承担社会责任（如救灾、学生运输、军事运输等）的经营性线路给予适当补贴,以保障经营性铁路的利益,从而吸引社会资本投资铁路。

2．探索铁路债务处理方式

铁路债务规模亟待控制,而投融资改革有助于调整铁路企业资产结构、缓解资金链借贷矛盾。因此,依法开展铁路债转股工作,不仅能够合理减轻铁路企业债务负担，而且能够改善铁路企业评级、降低融资成本。

3．大力发展铁路延伸服务

为了提高铁路的经营效益，必须发展延伸服务的质量，适当提高开发强度，如全程物流、站点及沿线房地产、商贸百货以及旅游服务等。通过铁路延伸服务的发展，一方面可提高铁路行业的经济与社会效益，另一方面可增加铁路对社会资本的吸引力，保持市场竞争力。

5.6　结束语

投融资体制改革是当前全面深化铁路改革的关键。新形势下铁路投融资领域面临社会资本投资铁路总量偏小且结构单一、融资难融资贵、体制机制的明显制约等严峻挑战，打破社会资本投资铁路的"玻璃门"刻不容缓。本章在分析我国铁路投融资体制改革背景与目标的基础上，借鉴其他行业投融资改革实践经验，认为铁路产业特点与网运合一体制是阻碍社会资本投资铁路的主要原因，并从投融资体制改革的系统性原则、基于统分结合的网运分离、铁路现代企业制度的建立、铁路国有资本管理体制改革、铁路混合所有制的建立等方面提出了深化铁路投融资体制改革的对策措施，以供决策部门参考。

第6章　我国铁路债务处置的总体构想①

6.1　研究背景

近年来，我国铁路飞速发展，截至 2017 年年底，铁路运营总里程达 12.7 万千米，其中高速铁路运营里程达 2.5 万千米，占世界高铁运营总里程的 60% 以上，位居全球第一。总体来说，我国高速铁路网基本成型，关键技术世界领先。但是，铁路高速发展也带来了巨额债务。虽说大量举债的同时铁路总资产也快速增长，总体上是合理可控的，但是由于债务规模太大，企业仍存在财务风险。据统计，截至 2018 年 9 月 30 日，中铁总负债达 5.28 万亿元，较 2017 年同期 4.98 万亿元增长约 3 000 亿元。

巨额负债带来了巨大的还本付息压力。根据中国铁路总公司各相关年度财务报告，中铁总 2013 年年底至 2017 年还本付息分别是 2 157.39 亿元、3 301.84 亿元、3 385.12 亿元、6 203.35 亿元，其中仅利息支出分别高达 535.33 亿元、629.98 亿元、779.16 亿元、752.16 亿元。如何安全合理地处置铁路债务已经成为全面深化铁路改革亟须解决的关键问题之一。当前，在打赢防范化解重大风险攻坚战特别是防控金融风险的背景下，研究铁路债务处置措施具有重大现实意义。

因此，本章在分析铁路债务现状与风险的基础上，参考国内外相关企业债务处置的实践，从债务减免、转增资本金、市场化债转股

---

① 本章由"铁路改革研究丛书"中《铁路债务处置研究》主要观点构成。有关铁路债务处置的详细分析，可参阅《铁路债务处置研究》一书。

以及市场化产权（股权）流转等四种手段出发，研究铁路债务处置问题，并提出了加强顶层设计、政策、法律、宣传等四方面的保障措施。

6.2 铁路债务现状与风险分析

根据相关年度财务报表，中国铁路总公司（原铁道部）2010年年底至2017年9月的负债情况如图6-1所示。

单位：百亿元

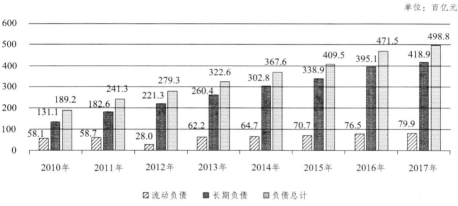

图 6-1 铁路各年度负债趋势图

铁路债务由两大类组成：一类是还款周期为一年及以内的流动负债；另一类则是长期负债，占比逐年上升，至2017年年底达83.98%。由于铁路行业的特殊性，其投资回收期较其他行业更长，而发行的铁路债券偿还期主要为3～5年，这与铁路行业利润回收时间极不匹配，导致铁路还本付息压力增大。

根据财务报告披露[54]-[57]，从2013年至2017年年底，中铁总总收入逐年下降，且还本付息压力逐年增大，至2016年还本付息金额甚至超过铁路运输收入，如图6-2所示。至2017年年底，铁路总收入虽止跌为涨，但仍低于2013年水平。再者，铁路公益性决定了中铁总整体盈利水平偏低。因此，中铁总持续的高昂负债将导致国家铁路陷入严重财务困境。

单位：亿元

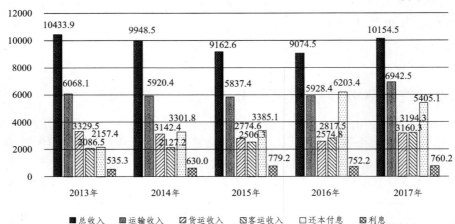

图 6-2　铁路收入和本息对比图

6.3　国有企业债务处置实践

日本、德国、法国铁路以及我国国有企业债务处置实践对于我国铁路债务处置问题具有重要的借鉴意义。

6.3.1　国外铁路债务处置

1. 日本国铁债务处置

日本债务处置是放在国有铁道公社（"国铁"）改革总盘子中一起解决的，改革的结果是长期巨额亏损，日本国铁于 1987 年 3 月 31 日宣告解体，4 月 1 日民营 JR 集团宣告成立。

日本国铁债务处置的特点主要可分为以下三点。

（1）利用公司相关资产偿债。

日本政府成立国铁清算事业团，全责处理国铁相关资产，例如 JR 公司股票以及其他剩余土地资产。如若国铁相关资产不足以弥补债务，则利用国民税收进行偿还。

（2）政府承担主要债务。

对原国铁承担的长期债务（包括将来负担的退休金债务等）做以下处理：客运等新公司承担 14.5 万亿日元，剩下的 22.7 万亿日元交由国铁清算事业团处理。不过，由于政府处理铁路债务态度消极，长期未进行有效整治，导致 1998 年国铁清算事业团解散时债务高达 28.3 万亿日元，最终迫使国家财政为铁路债务兜底。此种情况应作为我国处理铁路债务的主要风险加以防范。

（3）合理分配各企业债务承担额。

对于经营状况良好的 3 家客运企业（JR 东日本、JR 东海、JR 西日本）和 1 家货运企业，要求其承担相应债务；而对其他 3 家经营状况欠佳的企业（JR 北海道、JR 四国、JR 九州），不要求其承担债务，并且政府给予经营稳定基金。

2．德国铁路债务处置

德国铁路改革主要经历了三个阶段：第一阶段，1994 年起实施政企分离；第二阶段，1999 年 DB 集团（德国联邦铁路集团）内部分离，分成集团公司的管理部门以及 5 个分公司（长途客运公司、短途/地方客运公司、货运公司、铁路基础设施公司、旅客车站公司），每个分公司都有权以股份有限公司形式独立经营自身业务；第三阶段，德国铁路曾经提出公司私有化计划，但是目前 DB 仍为国有独资公司，即"私有化经营，国家 100% 控股的股份制管理方式"，同时市场开放使得铁路的自由竞争局面初步形成[58]。

德国铁路债务处置的特点主要有以下三点。

（1）德国联邦政府承担全部债务。

德国联邦政府通过出售铁路多余用地清偿 650 亿马克债务。

（2）德国联邦政府进行相应补贴。

对于部分运营有困难的线路，德国政府根据实际情况下拨一定的财政补偿。

（3）铁路改革进入私有化阶段。

德国铁路提出公司私有化计划，铁路企业实行私有化运营后，企业将不区分公共性业务与一般经营性业务，都按照企业一般收费标准收取相应的费用。但是受 2008 年年底金融危机的影响，私有化计划被无限期推迟，德国铁路公司现在采取"私有化经营，国家 100% 控股的股份制管理方式"。

3．法国铁路债务处置

法国铁路改革的结果是"网运分离"，主要分为三个机构：法国铁路网公司（Réseau Ferré de France，RFF），法国国家铁路公司（Société Nationale des Chemins de fer Français，SNCF）以及区域快铁公司（Transport express régional，TER）。三者主要职责：（1）RFF 负责新建铁路以及铁路网的维修保养，并向 SNCF 和其他国家的列车收取"过路费"；（2）SNCF 负责制定客运运行图和列车时刻表，确定票价，等等；（3）TER 向 SNCF 申请自己的客运计划，为市场提供客运服务[59]。

法国铁路债务处置特点有如下两点。

（1）政府承担法国铁路债务。

法国铁路通过发行债券和贷款的方式，陆续建成了 1 000 多千米的 TGV 高速铁路，但是由于铁路行业投资回收期比一般行业长，且建设的线路中有部分公益性线路，法国政府意识到自身有义务解决法国铁路相关债务。因此，改革后新成立的 RFF 公司接管了大部分铁路债务（约 1 342 亿法郎），RFF 的债务利息在中央财政预算中安排。

（2）坚持财政补贴。

财政补贴主要用于公益性铁路建设项目的投资补贴、法国铁路运营公司的客票减价补贴和地区性客运补贴。总之，法国铁路实行"网运分离"后，政府补贴不降反增，最大限度地支持铁路发展。

6.3.2　国内企业债务处置

1．中国建设银行债务处置

中国建设银行（以下简称"建行"）债务处置可分为两个阶段。第一阶段为 1998 年至 1999 年的政府救助。首先是 1998 年财政部注资

492 亿元以充实建行资本金。然后 1999 年国务院授权信达资产管理公司支付 2 740 亿元面值的十年期年利率 2.25% 的债券和 30 亿元现金收购建行 2 500 亿元不良贷款（实际上，上述收购行为属于溢价收购，据估计溢价金额达 1 646 亿元）。据初步估计，这一阶段国家直接或间接救助金额至少为 2 138 亿元，不过截至 2002 年年底，建行所有者权益仍为 −1 332.06 亿元。

第二阶段为 2003 年年底中央汇金投资有限责任公司启动的债务重组。首先，将建行 2003 年的实收资本、资本公积、盈余公积和当年净利润共计 177 亿元全部用于弥补累计亏损。其次，建行又通过资产评估获得 141.60 亿元的净增值。再次，信达以 644.5 亿元溢价收购建行面值为 1 289 亿元的不良贷款，初步估计此处溢价金额为 358.18 亿元。最后，政府还给予建行 232 亿元的税收减免优惠，并允许其动用 654.99 亿元的净利润填补所有者权益资金缺口。

通过上面两个阶段的债务处置，建行总权益上升为 0，从而中央汇金在 2003 年年底注资的 225 亿美元成为建行总权益[60]。如图 6-3所示。

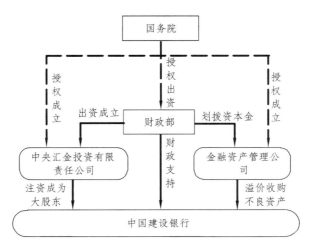

图 6-3 建行债务处置图

建行债务处置有如下几个特点。

一是政策支持。建行债务处置过程中，国务院以及财政部等相关部门起到了重要作用，尤其是财政上的支持，例如充实资本金，税收减免，允许企业年末利润等项目转入所有者权益，等等。

二是成立金融资产管理公司和中央汇金投资有限责任公司。金融资产管理公司成立的目的是收购并经营从银行剥离的不良资产，减轻银行负担。中央汇金投资有限责任公司则是代表国家依法对建行行使出资人权利和义务，并在股权上拥有绝对控股地位。

2．中钢集团债务处置

截至 2014 年年底，中钢集团总债务逾 1 000 亿元，其中金融机构债务近 750 亿元，已严重影响集团正常运营。2016 年 12 月 9 日，中钢集团与 6 家银行（中国银行、交通银行、国家开发银行、农业银行、进出口银行和浦东发展银行）签署债务重组协议。协议包括债务重组方案和业务重组方案，其中：债务重组方案采取"留债 + 可转债 + 有条件债转股"的模式，按回收风险对重组范围内金融债权划分层级，设计差异化方案并分两阶段实施[①]。

第一阶段：对本息总额 600 多亿元的债权进行整体重组，分为留债和可转债两部分，其中：可转债部分由中钢集团成立新的控股平台向金融债权人发行，可置换金融机构债权人非留债部分对应的债权，从而缓解中钢集团的债务。

第二阶段：可转债持有人在条件具备时逐步行使转股权。其中：（1）对于留债部分，中钢集团需按 3% 年利率付息；（2）对于转股部分，即长达六年期的可转债（共 270 亿元），前三年锁定，从第四年开始，逐年按 3：3：4 的比例转股以退出（从 2020 年开始，银行持有的中钢未来发行的可转债中，81 亿元将转为股权）；（3）对于股权部分，国资委向中钢股份有限公司下属新成立的中钢控股有限公司注资 100 亿元，并计划未来整体上市，中钢控股有限公司则承接中钢股份有限公司不良资产，同时平台可出售优质资产，比如上市公司的部分股权等。

---

① 新浪财经，http://finance.sina.com.cn/money/bond/ 20161216/040025632416. shtml。

中钢集团债务处置是首例央企债转股项目落地计划，开创了我国大型央企债务重组的新范例。其特点如下。

（1）债务重组方式多元化。采用"留债＋可转债＋有条件债转股"模式，将金融债权根据回收风险分级处理。

（2）分阶段处置债务。企业处置债务往往不能一蹴而就，以空间换时间、分阶段处置债务的战略能极大缓解企业财务危机，为企业产业升级留下充足的准备时间。

（3）成立股权运营公司。该方式能有效隔绝不良资产对企业的影响，若能妥善处理，可减轻国家财政负担。

6.3.3　启　示

随着经济社会发展，政府处置国有企业债务的手段日益多元化，有贴息、注资、债转股、股权流转等方式偿还债务。日本、德国和法国铁路债务处置实践对我国铁路债务处置具有以下三点启示。

（1）国家财政支持对铁路债务处置具有重要作用。在运营方面，大部分铁路运输具有公益性，需要国家在财政补贴、税收政策等方面给予一定优惠；在债务方面，国家财政需承担一定比例负债。

（2）铁路资产偿还债务。铁路资产作为优质资产，往往以历史成本记账，导致资产价值严重失真。如果能让资产流入市场并以公允价值出售，将极大缓解铁路债务压力。

（3）应将债务处置纳入铁路管理体制改革进程之中予以解决。

6.4　铁路债务处置基本思路

铁路债务规模决定其处置过程将是一场持久战，需要分阶段进行。结合上文国有企业债务处置的相关分析，我们提出一套契合铁路体制改革过程的债务处置方式，具体分为四种：债务减免、转增资本金、市场化债转股以及市场化产权（股权）流转。

6.4.1 整体思路

目前中铁总属于全民所有制企业，国务院与财政部可通过债务减免、转增资本金的方法处置部分债务；之后中铁总通过公司制改革成为国有独资企业，则可通过债转股的方式处理部分债务；最后，中铁总若改制成为混合所有制公司，并由财政部（或国资委）控股，那么部分铁路产权可实现市场化证券化经营，最后通过产权（股权）流转方式处置债务。在铁路体制改革中分阶段稳步处理铁路债务的整体思路，如图 6-4 所示。

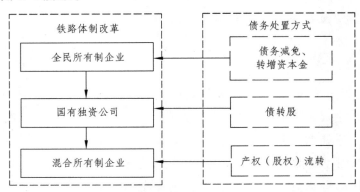

图 6-4　在铁路管理体制改革中实现债务处置

6.4.2 债务处置具体思路

1．债务减免

中铁总属于全民所有制企业，需遵循《企业法》运作，所有制形式限制企业产权进入资本市场自由流转。然而，目前中铁总负债规模较大，且大部分运输属于公益性运输，导致企业整体盈利水平偏低。所以中铁总处于全民所有制阶段时，国家可采用债务减免与贴息的手段控制债务扩展和缓解运营压力。

目前国务院直接管理中铁总，财政部担任出资人职责，从钱权方面保障中铁总持续运营。因此，在债务减免方面，可由国务院授权财政部出台债务减免、贴息等优惠政策，再由财政部上报优惠范围和额度，经国务院审核同意后，最终由财政部正式下发文件减免中铁总相关债务，补贴利息。

2．转增资本金

由于铁路有自身盈利发展的权利，也有承担社会公益性运输的义务，因此，相关专家提出铁路负债必须区别对待，可分为公益性负债与经营性负债。我们认同此观点，并基于此提出了转增资本金的具体实施途径。

（1）区分公益性负债与经营性负债。① 公益性负债是指铁路企业因承担公益性运输任务而造成的企业亏损（公益性运输是指抢险、救灾物资运输，支农物资运输，军运物资运输，伤残军人、学生运输，军运客运，市郊旅客运输，铁路支线运输，等等）；② 经营性负债是指铁路除公益性负债以外的负债。

（2）整理公益性负债与经营性负债的相关材料，向财政部提出书面申请，包括负债明细、申请理由、申请金额等相关资料。

（3）由财政部上报国务院注资金额，然后得到国务院授权后，财政部以出资人身份办理转增国家资本金的手续。

（4）转增国家资本金的财务会计按财政部给出的相关文件处理。

3．债转股

中铁总进行公司制改革之后成为国有独资公司，遵循《公司法》经营，可将部分股权抵偿债权。但是，由于中铁总负债金额巨大，且大部分来源于银行贷款，所以为了规避金融风险，并不直接由银行持有中铁总股权，而是成立中国铁路国有资本投资运营公司（简称"中铁国投"），由它收购并经营股权。债转股的具体实施途径如下：

（1）以中国铁路投资有限公司为基础，成立铁路国有资本投资运营公司。国有资本投资运营公司是国家授权经营国有资本的公司制企业。公司的经营模式，是以投资融资和项目建设为主，通过投资实业拥有股权，通过资产经营和管理实现国有资本保值增值，履行出资人监管职责。

（2）中铁总申请签署债转股协议。中铁总实施债权转股权，前提是由铁路国有资本出资人代表向铁路国有资本投资运营公司推荐。国有资本投资运营公司对中铁总进行独立评审，制定企业债权转股权的方案，并与企业签订债权转股权协议。债权转股权的方案和协议由国资委会同财政部、中国人民银行审核，报国务院批准后实施。

（3）将中铁总的股权划拨给中铁国投。中铁国投按照国务院与铁路国有资本出资人代表确定的范围和额度收购中铁总股权（若超出确定的范围或者额度收购的，须经国务院专项审批），或者由财政部（或国资委）将中铁总的股权划拨给中铁国投，或者由财政部将中铁总股份授权给中铁国投。中铁国投拥有中铁总股权之后，运用自己特殊的法律地位和专业优势，对股权进行一定的经营操作。如有可能，也可以出售一部分股权。

（4）股权退出。债转股以后，一些国有资本投资运营公司将成为企业阶段性持股股东（但中铁国投可能是永久性持股，某一阶段的持股数量可能略有变化）。阶段性持股将避免持续持股带来的弊端，它意味着管理公司的最终目的和最终步骤是将股权脱手，退出现有的投资领域，收回投资。

4．产权（股权）流转

借鉴市场化产权（股权）流转处置债务的历史经验，结合我国铁路改革的实际情况，我国铁路以国有资产市场化产权（股权）流转方式处置债务宜按"清产核资—产权（股权）调整—市场化产权（股权）流转—债务偿还"四个步骤展开。

（1）清产核资。在全面深化铁路改革实施之前，建议尽早按照我国已颁布的多项法规、规章，制定铁路产权（股权）管理办法，尽早开展铁路国有资产的清产核资、产权登记、统计报告以及资产评估工作。在全面深化铁路改革实施之中，各类铁路企事业单位的废止与设立均应依法实施审计、监督，从而避免铁路国有资产流失。

（2）产权（股权）调整。基于统分结合的网运分离是我国铁路改革的必然选择，所以产权（股权）调整应由运营公司产权（股权）调整、路网公司产权（股权）调整两部分组成。

① 运营公司产权（股权）调整。首先，成立资产管理部门，在厘

清铁路运营与路网公司的资产边界之后，负责对运营公司进行资产核算及管理。然后，将以上运营公司重组为由中铁总、各铁路局相互控股或参股的非上市股份有限公司。

② 路网公司产权（股权）调整。首先，成立建设与资产管理部门，厘清路网公司产权（股权）后，负责今后一段时期内路网公司相关资产的管理。然后，由中铁总主导进行路网公司（由目前铁路局剥离运营业务而形成）整合重组，形成非上市的中国铁路路网（集团）股份有限公司。

（3）市场化产权（股权）流转。市场化产权（股权）流转的目标是实现运营公司的完全市场化与路网公司的混合所有制，以流转产权（股权）的方式获得资金偿还债务。

① 运营公司市场化产权（股权）流转。产权调整之后，将运营类公司上市，并通过相关法规，要求中铁总、各铁路局逐步退出运营类公司，为各类社会资本参与运营类公司创造公平的环境，将总公司、各铁路局控股或参股的运营类非上市股份有限公司逐步转型为社会资本控股、参股的股份有限公司。

② 路网公司市场化产权（股权）流转。路网公司市场化产权（股权）流转可引入社会资本，将中铁总及所辖十八个铁路局全资的中国铁路路网股份有限公司重组为具有混合所有制特点的中国铁路路网股份有限公司，实现股权多元化（最多可将 49% 的股份流转给非公资本），有利于实现企业的公司制管理。

如果理不清运营公司与路网公司的资产边界，将由若干个运营公司逐步募资，从中铁总和 18 个铁路局集团手里购买运营资源。因为只要涉及向资本市场募资，就必须说清楚要买哪些资产和以什么价格购买等问题，所以最好采用市场化厘清的方式进行。这就是我们经常讲的网运分开不需要以行政命令的形式来推进，而可以采用市场化的措施来推进的原因。这是 2000 年前后的网运分开所不具备的条件。

（4）债务偿还。中铁总偿还债务的渠道主要由两个部分组成：一是流转运营公司最多 100% 的股权而获得的资金。笔者认为，铁路运营类业务是可以完全放开的"竞争性业务"，通过流转运营公司的产权（即股权）可以有效处置我国绝大部分甚至全部铁路中长期债务。二是流转路网公司最多 49% 的股权而获得的资金。

（5）可行性分析。第一，"清产核资—产权（股权）调整—市场化产权（股权）流转—债务偿还"的技术路线具有一定的可行性；第二，通过运营公司至多 100% 的股权，再加上路网公司至多 49% 的股权流转出来的方式，获得的资金与目前中铁总的债务总额相当；第三，法律和法规既能推进技术路线的实施，又能防止国有资产的流失。

6.5 铁路债务处置保障机制

铁路债务数额巨大，截至 2019 年第一季度，中铁总债务已经达到 5.26 万亿元。因此，随着铁路体制改革，分阶段地稳步推进债务处理进程是较为明智的选择。此外，还需建立相应的保障机制以保证铁路债务处置顺利进行。

6.5.1 顶层设计

《国务院关于组建中国铁路总公司有关问题的批复》（国函〔2013〕47 号文）明确指出，"由财政部代表国务院履行出资人职责"，对于原铁道部的债务，"应在中央政府统筹协调下，综合采取各项措施加以妥善处理，由财政部会同国家有关部门研究提出具体处理方式"。可见，铁路债务处置责任主体为财政部。

我们多次建议，考虑到铁路债务处置的复杂性，应由财政部牵头成立铁路债务处置专门委员会[①]（由国家发改委、交通运输部、国家铁路局、中国铁路总公司等部门或企业以及著名专家学者组成）。该专门委员会直接向国家铁路改革咨询委员会负责，并负责制定各个阶段铁路债务处置方案，提出铁路债务处置建议。债务处置过程中，财政部、发改委等部门需牵头组织对中铁总的资产评估工作，制定企业债

---

① 我们多次建议，由财政部、国家发改委、交通运输部、国家铁路局、中国铁路总公司等部门或企业以及著名专家学者组成国家铁路改革咨询委员会（为中央深改委决策铁路改革事项时提供咨询意见），并在该委员会下设铁路债务处置专门委员会。

转股和市场化产权（股权）流转具体方案，协调各方（主要涉及政府、股权购买方以及铁路企业）相关利益。

6.5.2　政策保障

中国铁路总公司建设了大量公益性线路，并承担着大量公益性运输任务。国家应制定相关财政补贴与税收优惠政策。例如，区分铁路运输中公益性运输和经营性运输。针对运输企业采取相互付费、收支免征增值税措施，针对高新技术铁路装备制造企业实行减免企业所得税，加大铁路投资项目的税收抵免范围，对铁路新线试营运期间免除营业税及企业所得税，设置铁路建设项目相关用地优惠方案，等等，以减少铁路企业的公益性负债。

6.5.3　法律保障

新时期建立和完善铁路产权（股权）流转的债务处理方式，首先需要建立健全法律保障机制，加快推进铁路改革配套法律立法进程，加快制定铁路产权（股权）流转的法律法规，逐步解决产权（股权）流转中缺乏法律保障的问题，着力形成有效保护铁路产权（股权）流转的法律法规框架，最终为铁路改革保驾护航。

在中铁总体制改革不断推进过程中，应制定或修订相关法律法规制度，确保中铁总出资人根据铁路行业特点和实际情况来完善产权保护制度，防止债转股、产权（股权）流转过程中国有资产流失，适应铁路改制之后的监管需要。

6.5.4　宣传保障

铁路债务处置过程中引进社会资本和外资是必要的，但并非要搞"铁路私有化"。我们应充分认识到，国家必须拥有铁路 50% 以上的股权，拥有对企业的绝对控制权。这样的股权安排，能够保证中铁总姓"国"名"企"的属性不变，既可以灵活按照企业来运作，又不会片面追求自身利益最大化而损害社会公众利益。因此，应引导各大权威媒体充分阐明铁路债务问题形成的主客观原因，详细说明铁路债务处置的必要性与迫切性，对采用债务减免与财政贴息、转增资本金、债转股、产权（股权）流转等铁路债务处置方式给予积极评价，从而形成良好的铁路债务处置舆论环境。

6.6 总 结

中铁总负债已经突破 5 万亿元大关，如此大的债务规模决定了铁路债务的处置是一场持久战，需要分阶段进行。首先，本章分析了国内外企业债务处置经验，并得出相关启示。然后，根据我国国情和路情提出适应我国铁路债务处置的思路，即随着中铁总体制改革，分阶段运用债务减免、转增资本金、债转股以及产权（股权）流转四种手段解决铁路债务问题：（1）国务院与财政部通过债务减免、转增资本金处置部分债务；（2）中铁总通过公司制改革成为国有独资公司，通过债转资本金或债转股的方式处理部分债务；（3）中铁总改制成为混合所有制公司，并由财政部（或国资委，或中国铁路国有资本投资运营公司）控股，部分铁路产权可实现市场化、股权化和证券化经营，通过产权（股权）流转方式处置债务。最后，提出顶层设计、政策保障、法律保障以及宣传保障四项保障机制，以期为我国铁路债务处置提供参考。

第 7 章　铁路运输定价机制的总体构想[①]

7.1　引　言

　　铁路运输定价机制改革是全面深化铁路改革的关键问题之一。在全面深化铁路改革的背景下，不断完善我国铁路运输定价机制，对于促进铁路运输企业市场化经营、保障我国铁路健康持续发展具有重要意义。我国铁路运输在多年的发展历程中曾长期处于政企合一、运价水平偏低的经营状态。在多种运输方式迅速发展、市场经济不断深入的环境下，铁路运输定价体系陈旧、价格调整周期长等问题日渐凸显，这已与当前我国铁路改革发展要求不相适应。改革铁路运输定价机制，建立适应市场化需求的运输定价模式，使铁路运输企业能够通过合理定价的方式充分参与市场竞争而获得收益，已经成为现阶段铁路改革亟须解决的问题之一。

7.2　铁路运输定价机制改革的主要思路及具体操作

7.2.1　我国铁路运输定价机制改革的基本思路

　　从长期的铁路运输组织及改革探索中不难看出，铁路路网及设施

[①] 本章由"铁路改革研究丛书"中《铁路运输定价机制研究》由主要观点构成。有关铁路运输定价机制的详细分析，可参阅《铁路运输定价机制研究》一书。

设备与铁路运输经营分别承担着不同的角色。前者负责保证铁路运输路网的通达及基础设施的维护管理，后者则主要是面向运输需求者，为其提供运输服务。二者为"网"与"运"的关系。我们在综合考虑国家对国有企业改革的指导意见、吸收国外运价改革经验，分析我国铁路运输定价存在的问题等多方面因素后，以"网运分离"为背景，提出：

（1）在充分考虑国民经济发展水平和供求关系的基础上，由国家确定铁路企业的合理收益、税金及运输基准价等主要内容[61]；

（2）针对公益性构成部分，由铁路主管部门根据不同地区的发展水平、不同时期、不同线路、不同等级列车等为主要内容，采用基于成本导向的定价方法；

（3）针对商业性构成部分，具体的铁路运输企业根据不同时期、不同线路、细分市场的供需关系和不同车次的服务标准等条件，在国家宏观调控规定的范围内逐步开放定价权限，采用基于竞争导向的定价方法。

其中，"网运关系"调整前后铁路运输定价机制改革思路的变化见图 7-1。

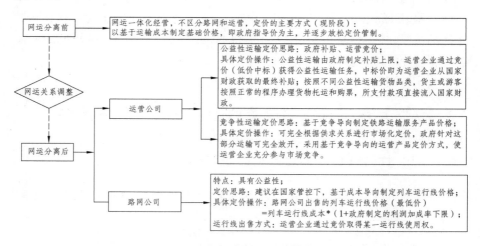

图 7-1 "网运关系"调整前后运价思路对比

7.2.2 路网产品定价思路（基于成本导向定价为主）

1. 路网产品基本定价思路

（1）定价。

"网运关系"调整后的路网公司具备垄断性和公益性，其经营管理和价格的制定必须受到国家政府的合理管控。因此，我们建议路网公司提供的列车运行线产品基于成本导向定价，即：运行线价格 = 运行线成本 ×（1 + 利润加成率）。具体是指：路网公司在对运行线进行定价时应充分考虑运行线成本，且其合理的收益应由政府通过设置利润加成率的下限加以控制。其定价的关键在于确定列车运行线成本及路网公司的利润加成率。

（2）出售。

前面描述的列车运行线产品定价作为出售阶段运营企业竞价的最低价，其具体出售方式可采用如下思路：当只有一家运营公司购买某一列车运行线的使用权时，列车运行线价格的确定可采用议价法或一口价；当多家运营企业同时竞争一条列车运行线使用权时，应权衡利弊，建议采用价格竞争法、票决法或集体议事法。

2. 列车运行线成本计算

（1）铁路运行线成本的定义。

列车运行线成本是指：列车根据列车运行图，由始发站到达终点站完成一次运输作业过程中所消耗的、为该次列车运输生产服务所发生的耗费总和。这些耗费一方面来说包含与运输生产直接相关的成本，如列车运行的能源消耗，也包含与运输生产间接相关的成本，如运输部门管理支出等；从另一方面来说这些耗费也包含有形的物质能源消耗，如线路使用折旧，以及参与该次运输生产过程无形的劳务消耗，如人员工资成本。

（2）作业成本法计算列车运行线成本流程。

采用作业成本法对铁路运行线的成本进行计算，具体的分析及计算步骤如下。

第一步：将铁路运输过程分解为若干作业，建立运营作业与对应作业指标之间的联系。每项作业还可进一步分解细化为更多项细节作业，为简化程序，同时考虑到数据采集和统计的有限性，可将性质相同或相近的作业进行合并。该步骤可通过建立作业中心、确定成本动因分析来实现。

第二步：根据第一步建立的指标体系，计算各项作业成本支出并汇总。其具体步骤如下。

① 确定每项作业对应的支出，并且将各项支出按照经济要素（工资、材料、燃料、电力、折旧、其他）进行分解，将分解后的运输作业支出归集到上述各项支出中，建立运输作业指标与运输作业支出之间的联系。

② 根据已建立的运营作业与作业指标间的联系，以及作业指标与运输作业支出间的联系，整理出铁路运行线成本计算体系。

③ 分析归纳各项单位支出计算方法。

④ 汇总各单位支出与运营指标、固定支出及其他支出，获得最终运行线总成本。

由于作业成本法较为复杂，企业财务统计资料难以获得，现有铁路货物运输统计资料尚不足以支撑准确的作业成本法，所以目前我国铁路运输企业广泛使用铁路进款清算办法，是根据进款项目将提供铁路运输服务而产生的费用划分为发到服务费用、机车牵引费用、线路使用费用、车辆服务费用、综合服务费用及其他费用，其原理及费用划分与作业成本法较为相似。

3．确定合理的利润加成率

对于运输企业而言，理论上其制定价格的底线为变动成本，最低限度为短期变动成本。在我国运输市场经济体制下的路网公司，列车运行线价格的确定应当是全成本加上一定的加成率，或长期变动成本加上一定的加成率，这种加成率可以认为是企业的利润空间，以此保证路网公司的长足、稳定发展。

在"网运分离"的调整趋势下，政府制定的路网利润加成率对路网公司是否盈利和盈利多少具有重要影响。一般来说，该利润加成率的确定首先应保证路网公司不至于亏损，使路网公司能够维持长期稳定的发展；其次，应充分考虑市场竞争情况，维持市场竞争秩序，保证公平竞争，使路网公司不得利用其垄断优势获取超额垄断利润。

7.2.3　运营产品定价思路（基于竞争导向定价为主）

1．运营产品基本定价思路

"网运关系"调整后的运营公司是市场竞争的直接参与者，承担着为运输消费者（旅客和货主）提供优质服务、设计并提供符合市场需求的运输服务产品、促进铁路运输行业快速良好发展的职责。铁路运输定价应以市场为主体，充分发挥市场在资源配置中的决定作用，促进企业良好参与市场竞争，使企业在合理经营中取得长足发展[62]。

在"网运关系"调整到位后，运营资源整合基本完成。此时，运营企业应按照公益性运输任务和商业性运输业务对企业运输产品进行区分。

（1）对于具有公益性特点的运输项目，为保障运输服务的社会福利性质，该部分运输产品定价应由政府参与，可采取"政府补贴、运营竞价"的定价机制。具体是指：政府应针对运营企业制定补贴上限，运营企业通过竞争获取公益性运输任务，旅客或货主则通过正常流程购票或发货，但该部分票款收入将直接流入国家财政。待运输过程结束后，再由财政部按照竞价结果对相应企业给予补贴，以保证运营企业承担公益性运输任务而不至于亏损。考虑到该项改革措施可能造成政府机关工作量的增加，因此建议加强对铁路公益性运输数据库的研究，考虑在财政部（或二级机构）下设一个单独的、专门负责铁路公益性运输补贴的清算部门。

（2）对于具有商业性特点的运输业务，可完全根据供求关系进行市场化定价，政府针对这部分运输定价的管控可完全放开，采用基于竞争导向的运营产品定价方式，使运营企业充分参与市场竞争。

2. 商业性运输业务具体定价

运输竞争导向定价法是基于对运输市场竞争现状的正确认识而进行定价的方法。我们通过考察价格因素影响下的各运输方式的综合效用，针对具有商业性特点的这部分运输业务，提出基于运输分担率和博弈论的两种竞争导向定价方法。

（1）基于运输分担率的竞争导向定价思路。

运输分担率是指某种运输方式（或线路）在同一方向所承担的客运量或货运量比例（或运输企业在市场中占有的市场份额），是出行者或货物托运人选择的结果[63]。运输分担率表明了在运输需求下各运输方式或企业的综合竞争力的大小，同时与旅客和货主的效用正相关，而运输价格则是效用的直接影响因素。换言之，合理的运价能有效提高旅客和货主的效用，同时效用作用于运输分担率、提高市场占有率。因此，分析运输价格与运输分担率的关系，对铁路运输企业价格的制定具有积极正面的作用。

（2）基于博弈论的竞争导向定价思路。

博弈论又称对策论，是运筹学的一个重要学科，也是经济学的标准分析工具之一[64]。博弈论是一种主要研究两个或多个决策主体，在决策相互制约并影响各自收益的情况下进行决策分析的理论。

铁路运营企业作为运输服务的提供者，是价格的制定方而非接收方。近年来，在政府逐步放松对铁路运价管制的情况下，每当遇到客流激增，超过了铁路的实际运力，增开临客后仍不能满足运输需求时，就可能出现铁路运价上浮的情况。由博弈分析可知：铁路票价的制订是围绕铁路效益进行的，是利益驱动的结果。在需求量较大的春节期间，假设存在完全信息，并且双方都是理性的，铁路部门可以通过涨价获得超额垄断利润，这也是铁路作为一个经营主体所关心的。铁路企业适时制定涨价政策，可以获得高收益，促进企业发展，壮大企业实力[65]。因此，博弈论可以作为铁路运营企业价格制定的理论工具。

7.3 建立铁路运输定价保障机制的相关建议

7.3.1 加强顶层设计

目前，缺少一个对铁路运输定价机制改革重要事项进行综合协调的组织机构，本书建议组建国家铁路改革咨询委员会[①]，在其下设铁路运输定价机制专门委员会，承担统筹协调铁路定价机制改革的各项工作，为铁路定价机制改革提供指导意见。该专门委员会的主要工作包括但不限于研究、制订铁路定价机制改革的总体目标、基本原则、基本要求、定价主体与定价权限归属、定价方式等。

7.3.2 加强法律保障

我国铁路应尽快建立起一套完善的与市场经济体制接轨的价格法律法规体系，其中主要是加紧制定反价格垄断、价格歧视等不正当价格竞争行为的一系列法律法规。同时，应尽快做好《中华人民共和国铁路法》的修正工作，从法律上明确运价制定的方法、原则、权限、程序等问题，这样才有助于铁路企业加快完成混合所有制改革、吸引投资。

7.3.3 加强铁路价格监管

当前我国对于铁路运价监管方面还存在缺陷：如监管手段的缺失，致使当前铁路运价制定在一定程度上忽视了市场需求与市场竞争等因素；如经济监管缺乏，在铁路企业间交易监管、铁路与客户间交易监管、价格关系监管等方面存在问题。因此，国家亟须加强铁路价格监管，保障铁路行业各企业、消费者、社会和国家的综合利益。

7.4 结 论

本章以铁路运输定价机制改革为研究对象，在分析我国现行铁路

---

① 具体内容可见"铁路改革研究丛书"之《铁路改革目标与路径研究》一书。

运输定价体系存在的问题的基础上，综合考虑全面深化铁路改革的各项措施的改革进程，以"网运分离"的网运关系调整趋势为背景，提出了"铁路公益性部分采用成本导向定价，铁路商业性部分采用竞争导向定价"的铁路运输定价机制改革思路，并从管理机制角度提出改革设想和建议，以期为我国当前铁路运输定价机制改革提供参考。

第 8 章 铁路公益性补偿的总体构想①

8.1 研究背景及现状

8.1.1 研究背景

2015 年 8 月 24 日,中共中央、国务院印发了《关于深化国有企业改革的指导意见》。这是新时期指导和推进我国国企改革的纲领性文件。文件中特别指出,根据国有资本的战略定位和发展目标,结合不同国有企业在经济社会发展中的作用、现状和发展需要,将国有企业分为商业类和公益类。通过界定功能、划分类别,实行分类改革、分类发展、分类监管、分类定责、分类考核,提高改革的针对性、监管的有效性、考核评价的科学性,推动国有企业同市场经济深入融合,促进国有企业经济效益和社会效益有机统一[66]。同年 12 月,国资委、财政部和发展改革委发布的《关于国有企业功能界定与分类的指导意见》(以下简称“《指导意见》”)进一步说明了施策和组织实施意见,指出针对商业类国有企业和公益类国有企业应分类推进改革、分类促进发展、分类实施监管以及分类定责考核的指导方案[67]。

铁路及其提供的运输服务一般具有公益性,铁路的公益性对铁路运输企业经营产生负面影响。目前,政府对铁路企业实施了直接补贴、

---

① 本章由“铁路改革研究丛书”第 8 本《铁路公益性补偿机制研究》的主要观点构成。有关铁路债务处置的详细分析,建议参阅《铁路公益性补偿机制研究》一书。

税收减免等补偿方式，但未对铁路公益性进行分类。因此，铁路公益性补偿效果不明显，公益性问题也被不断放大。根据《指导意见》的5 个分类，铁路作为国企改革的重要对象之一，相关应在科学界定铁路公益性与商业性的基础上，对铁路公益性进行分类补偿，形成制度性安排，尽快建立铁路公益性补偿机制。

8.1.2 研究现状

长期以来，不少学者对铁路公益性问题进行了大量研究。相关文献[68]认为公益带来的是公共利益，"公益性"是"非营利性""利他性""以促进公众福利为宗旨"。相关文献[69]还认为具有满足国家国防安全、国土开发、社会稳定和民族团结发展需要的铁路就具有了准公共产品的特征，可以认为具有一定的公益性。相关文献[70]认为要解决铁路公益性问题，应对公益性运输和经营性运输进行界定，对政府与铁路企业的权责进行界定，要以法律的形式规定公益性补偿的范围和程序。相关文献[71]研究了铁路公益性运输服务亏损单独分类测算的原则和方法，提出了铁路公益性运输服务亏损补贴机制由直接授权经营转向竞争性招投标授权经营的方式，建议我国铁路公益性服务采取直接财政补贴和政策扶持两种补贴方式。

从上述研究来看，主要存在以下不足：（1）已有文献很少对铁路公益性的分类补偿进行研究；（2）对铁路公益性补偿保障机制的研究还不够全面。

8.2 铁路公益性与商业性的界定

8.2.1 科学界定铁路公益性及商业性

（1）对于经济相对发达、人口密度大、路网较为完善地区的铁路以及这些地区开展的普通运输业务，无论是客运还是货运，运输量均较大，铁路运输业务与民航、公路运输业务之间有较大的竞争，铁路自身运营有很强的盈利能力，可界定为商业性铁路或运输。

（2）对于经济发达程度属中等水平、人口相对较少、承担着国土开发、消除地区经济发展差距、加强巩固国家统一、维护民族团结、满足军事需要等任务的铁路，以及运价低于正常运输价格或减免了税收的运输都具有公益性。这类地区主要以我国中西部为主，铁路连接中部与西部各地，其运营对地区经济的拉动有很大的作用，铁路具有一定的运营能力，同时承担了大量粮食、煤炭、钢铁等资源的运输，具有明显的公益性。

根据《指导意见》中的建议，分类促进发展，企业要根据承担的任务和社会发展要求加大国有资本投入，提高公共服务的质量和效率。因此，本节通过合理界定铁路的商业性和公益性，为分类制定补偿标准奠定基础。

8.2.2 科学界定公益性铁路及公益性运输

2013年，《国务院关于组建中国铁路总公司有关问题的批复》（国函〔2013〕47号文）（以下简称"《批复》"）中第八条指出："建立铁路公益性运输补贴机制。对于铁路承担的学生、伤残军人、涉农物资等公益性运输任务，以及青藏线、南疆线等有关公益性铁路的经营亏损，研究建立铁路公益性运输补贴机制，研究采取财政补贴等方式，对铁路公益性运输亏损给予适当补偿"。从《批复》中明显可以看出国务院将公益性铁路和公益性运输分开，要求分类制定补偿机制。

我国铁路公益性可从两方面来理解：一方面是公益性铁路，另一方面是公益性运输。公益性铁路是指产生的社会效益大于经济效益的线路，主要服务于国家稳定、国土开发、民族团结等。偏远地区、山区的铁路为典型的公益性铁路，这类公益性铁路建设投资大、运营成本高、资本沉淀周期长、建成后的经济效益低、后期收益通常无法得到保障、建设应以国家投资为主，比如青藏铁路、南疆铁路。公益性运输主要是指学生、伤残军人运输，抢险、扶贫、救灾物资运输，支农物资运输，军事物资运输，军运客运，特种物资运输，市郊铁路、支线铁路运输，等等。公益性运输服务通常不盈利，但关系到居民基本生活，考虑到社会整体因素，公益性运输不可缺少。

我们认为，公益性运输具有普遍性（即使非公益性铁路上也普遍存在公益性运输，例如京沪高速铁路上也存在学生、伤残军人运输），而公益性铁路具有特殊性（那些以公益性运输为主的线路，或者国家出于某种需要而建设运营的线路，例如青藏铁路）。

8.3 铁路公益性补偿机制总体框架

8.3.1 明确以分类补偿为主要原则完善补偿机制

《指导意见》明确了要对国有企业进行分类改革，《批复》明确了要对铁路公益性实行分类补偿。"分类"对解决铁路公益性问题至关重要，通过对铁路公益性进行分类，可以使公益性线路和公益性运输分开，分类核算成本和亏损，准确核算公益性铁路和公益性运输的补偿标准，有效地监督公益性补偿资金的使用情况。因此，要以分类补偿为主要原则来完善公益性补偿机制。

8.3.2 建立铁路公益性运输数据库

现行的铁路公益性补偿方式是铁路内部转移支付，由于没有建立相应的数据库，实际支付情况和支付能力大小无法体现，转移支付后产生的运输效益也不能准确体现。在公益性与经营性相互交织不加区分的情况下，政府很难对铁路部门进行有效的激励和监督，无法对公益性铁路运营的亏损状况进行全面了解，不利于制定相关优惠政策。因此，建立铁路公益性运输数据库对处理铁路公益性问题具有重要意义。

我国建立铁路公益性运输的数据库应从两个方面考虑：一是将经营性运输和公益性运输分开，并建立相应数据库；二是将不同铁路公益性运输的数据分开，并建立相应的数据库。分类建立数据库，为铁路公益性补偿经济标准的分类核算奠定了基础。

8.3.3 核算铁路公益性补偿经济标准

目前铁路系统实施的仍是铁道部时期所采用的以交叉补贴为代表

的内部转移性支付管理方法，即通过铁路经营性所得利润去弥补铁路公益性所造成的亏损。交叉补贴的财政管理方式不利于商业性与公益性的分离，难以对公益性项目的补贴提供依据。因此，需要对相关的铁路经济标准进行核算。

对公益性铁路而言，主要核算公益性铁路建设、运营、维护等投入资本。在明确资金投入方向的基础上，核算由于地理环境因素导致的一些公益性铁路高于普通铁路的建设和养护维修成本投入，以及公益性铁路上的一些运输项目如抢险救灾项目所需投入的人力、物力资源。

对公益性运输而言，主要从以下三个方面对铁路公益性补偿经济标准进行核算：

第一，核算铁路公益性运输所导致的直接经济损失。铁路公益性服务亏损主要由两部分构成：公益性减收和公益性增支。具体可以分为价格规制与低票价政策，承担社会福利性优惠项目，承担政府指令性任务以及其他公益性亏损。

第二，核算因公益性运输而放弃的商业性运输的机会成本。针对一些经营性较好、能够盈利的线路，每年因承担国家公益性运输（例如学生半价客运，抢险、救灾物资运输等）而失去了本可以通过市场价格承运其他企业运输需求的机会，造成的间接经济损失即属于机会成本。

第三，核算公益性铁路带来的社会效益。铁路提供的是一种无形的运输产品，铁路所带来的"效益"包含了企业自身得到的收益以及直接消费者从中受益的部分，更包含对客观环境带来的外部效应，例如铁路建设或铁路运输项目对地区环境的影响[69]，因此，需要对公益性铁路带来的社会效益进行核算。

8.3.4 建立公益性补偿的监督和评价制度

《指导意见》中指出，分类实施监管，对于公益类国有企业，要把提供公共产品、公共服务的质量和效率作为重要监管内容，加大信息公开力度，接受社会监督。分类定责考核，对公益类国有企业，重点考核成本控制、产品质量、服务水平、营运效率和保障能力，根据企业不同特点有区别地考核经营业绩和国有资产保值增值情况，考核中要引入社会评价。

政府作为公益性补偿的主体，是补偿政策的主要制定者，无论采用何种补偿方式，都应将补贴与效率激励和对铁路的监督相结合，让铁路企业提供低成本、高质量的公益性运输服务。相应的监督与评价机制不仅仅是政府及其下属管理机构应履行的职责，同时也是公益性补偿管理到位的具体保障，确保补偿方案能够实实在在发挥作用。

监督制度需要从两方面进行考虑：一是对铁路公益性损失核算的监督，若不对公益性经济损失的核算进行监督，损失程度的真实性难以界定；二是对铁路公益性补偿使用情况的监督，防止故意欺骗的行为，保证铁路运输企业合法且合理使用公益性补偿资金，发挥公益性财政补贴的资金效益和效率。

公益性补偿评价主要体现在两个方面：一是当期补偿资金的评价，查定补偿资金对公益性亏损的弥补程度，对财政补贴资金的使用效率和效益进行评价；二是对铁路运输企业补偿效果的评估，确定补贴的优先级别和力度，激励企业自身调整管理运营方式。

8.4 建立铁路公益性补偿保障机制

保障机制的建立是解决铁路公益性问题以及推进铁路改革进程中的重要组成部分，是保障企业健康、稳健发展的重要手段。因此，本节从多个角度出发，力求建立完善的铁路公益性补偿保障机制。

第一，加强顶层设计。由于铁路公益性问题所造成的铁路企业损失巨大，一般的机构已不能承担，建议在国家铁路改革咨询委员会下设立铁路公益性补偿机制专门委员会，承担研究铁路公益性问题并提出相关建议的职能。

第二，提升思想认识。主要提升社会对于铁路公益性的思想认识，建立思想意识保障。我国铁路既具有商业性，也具有公益性，如果社会和企业仅看重商业性，公益性服务质量和水平将得不到保障；反之，如果社会和企业仅看重公益性，一味地追求公益性服务而忽视企业自身经营的革新，则不利于铁路的长久发展。任何偏颇都将导致问题逐渐积累放大。

第三，加强法律保障。建立铁路公益性补偿机制必须做到立法先行，通过法律手段保障公益性补偿的顺利实施。具体来讲，实践证明行之有效的制度要及时上升为法律；实践条件还不成熟的，需要先行先试的，要按照法律程序做出授权；对不适应改革要求的法律，要及时修改或废除。要从法律上确定铁路应承担的社会公益性责任，保证铁路公益性受益群体的基本权益，保障铁路公益性服务的质量。

第四，加强政策保障。由国外的铁路公益性运输政策可知，大多是通过社会资本投资铁路运输企业，政府对铁路公益性运输进行补偿以及减免铁路公益性运输税收来促使铁路企业健康发展。我国可以借鉴国外的公益性政策，尽快制定我国铁路公益性政策，以保障我国铁路企业的健康稳定发展。

8.5　结　论

根据推进国企分类改革指导意见，我国国企改革应根据发展目标、发展需要等因素分为商业类国企和公益类国企，不同类型国企应针对性地实施改革措施。我国铁路具有商业性和公益性两重性质。铁路公益性使得国家、企业和个人直接或间接地从铁路公益性服务中得到各种利益，而铁路企业承担了大量亏损。因此，要将铁路公益性和商业性分离，对铁路公益性分类制订补偿机制。

本章认为：首先，应贯彻国企分类改革指导思想，将铁路公益性从路网和运营两方面进行界定，分类进行管理和实施的相关政策；其次，对不同类型的公益性运输和线路建立相应的数据库，为进一步核算铁路公益性造成的亏损奠定基础；再次，对铁路公益性补偿经济标准进行核算，同时建立铁路公益性监督和评价机制，提升公益性服务水平和质量；最后，建立铁路公益性保障机制，将补偿落实到位，确保政策执行效率。

第 9 章 铁路企业运行机制的总体构想[①]

9.1 全面深化铁路改革的逻辑

　　长期以来，我国铁路运输业的自然垄断性与市场经营性互相交织，阻碍了以市场为导向的铁路改革进程。经营管理水平落后、中长期债务难以处理、公益性补偿不到位、现代企业制度不完善、社会资本难以进入等诸多问题存在于我国铁路的综合管理、企业经营、投资建设和计划规划等层面。铁路系统内部深层次问题比较突出，发展形势制约因素较多，现行的铁路经营管理体制不仅难以满足市场经济条件下铁路行业的发展需求，而且在一定程度上成为铁路进一步发展的体制性障碍。因此，全面深化铁路改革刻不容缓。

　　在《国有企业改革与董事会建设》一书中，作者认为国企改革有三个层次，即国有资产管理体制层次、企业治理结构层次、企业运行机制层次[72]。我们认为，国企改革应当在此基础上再增加一个层次，共四个层次，即国家所有权政策层次、国有资产管理体制层次、企业治理结构层次、企业运行机制层次。

　　在"铁路改革研究丛书"中，我们将深化铁路改革将面临的问题分为铁路的国家所有权政策、网运关系、现代企业制度、混合所有制、投融资体制、债务处置、公益性补偿、定价机制、企业运行机制、监

---

① 本章由"铁路改革研究丛书"第 9 本《铁路企业运行机制研究》的主要观点构成。有关铁路企业运行机制的详细分析，建议参阅《铁路企业运行机制研究》一书。

管体制、改革保障机制、改革目标与路径等 12 个方面。然而，在这 12 个方面中，实则隐含着"国家所有权政策层面""国有资产管理体制层面""企业治理结构层面""企业运行机制层面"这四大国企改革层面的内在逻辑。其中，一个特定的专题可能同时涉及多个层面。例如，《铁路债务处置研究》主要属于企业运行机制层面，但债务处置中的债转资本金、债转股等方式，意味着产权制度、股权的改变，这又属于国有资产管理层面，也可能带来企业治理结构的改变，还涉及国家所有权政策的相关规定。再如，《铁路混合所有制研究》既涉及国家所有权政策与国有资产管理体制，也会影响企业治理结构。

《铁路国家所有权政策研究》是全面深化铁路改革的基础。明确铁路在国民经济中的性质及功能定位，明确国家在铁路各个领域要实现的发展目标及实施战略，是后续改革方案设计的依据和基础。只有确定了铁路各领域的企业目标和功能定位，理清铁路公益性和竞争性的内在属性，才能进一步明确国家对各领域的控制方式、是否允许社会资本参加、铁路各领域国有企业的出资人、法律形式以及相应的治理结构。

明确了铁路国家所有权政策（特别是路网应以垄断性和公益性为主，运营应以竞争性和商业性为主）之后，根据党中央、国务院和有关部委关于国有企业"分类改革、分类发展、分类监管、分类考核"的有关精神，对铁路网运关系进行调整就显得十分必要。铁路网运关系调整是实施铁路国家所有权政策、解决铁路其余深层次问题的破门之斧，也是深化铁路改革实践层面的首要关键问题。

我们建议采取"路网宜统、运营宜分、统分结合、网运分离"的方式进行改革，并建议在铁路领域实施以"网与运分离、网与网统一、运与运分离"为特点的"统分结合的网运分离"方案。铁路网运关系调整在国家所有权政策的层面上，可以理解为国有资本在铁路路网和运营两个领域的布局调整。在铁路网运方面，将国有资本调整集中于路网领域，保证国家对铁路的控制力，运营领域向社会资本全面开放（部分运营可能仍然需要国有资本控股），充分发挥铁路市场机制作用，释放铁路运营领域的竞争活力。

铺垫好了铁路国家所有权政策和铁路网运关系调整这两块基石，

后续改革就有了最深层次的依据和深入推进的条件。接着，我们继续深入研究铁路投融资体制改革、混合所有制改革、公益性补偿机制等内容。这些内容同接下来在企业治理结构层面研究的现代企业制度和企业运行机制层面上的债务处置等问题，虽说有层次上的不同，但却可以同时推进，不像铁路国家所有权政策和铁路网运关系调整与后续改革之间存在逻辑上的先后关系。比如混合所有制改革与投融资、债务处置有交叉之处，同时还可以促进企业法人治理结构的建立和完善。

在这四大改革层次中，企业运行机制是直接实现国有企业效益的层次。铁路改革在突破了上层体制障碍之后，最终会毫无悬念地落实到企业运行机制这个最直接体现改革效益的层次，也只有解决了铁路前三个层次的问题，在企业运行机制方面的改革才能发挥效用。

例如，《铁路债务处置研究》一书只是描述了企业运行当中某一类非常具体的问题的对策，属于企业运行机制层面的改革，但铁路债务处置必须在明确了铁路国家所有权政策和现代企业制度的前提下才能顺利实现。

本章在明确了铁路国家所有权政策和现代企业制度的前提下，阐述了我们对铁路路网、运营、工程、装备、资本等五大领域的企业运作方面的思考，是对我们构想的铁路行业发展形势的整体描述，又是铁路改革所有深层次问题破冰之后企业最直观的外在表现，还是我们对铁路五个主要领域相互作用关系的描述，是整个深化铁路改革的最终呈现。

9.2　铁路五大领域运行策略

9.2.1　路网领域

2016 年 5 月 18 日，国务院第 134 次常务会议审议通过了《中央企业深化改革瘦身健体工作方案》，会议提出立足以改革促发展，坚持企业主体，充分发挥市场配置资源的决定性作用和更好发挥政府作用，促进央企"瘦身健体"、提质增效，以促改革调结构增强企业竞争力。

中国铁路总公司作为重要的中央企业，应当继续深化改革，加大自身"瘦体健身，提质增效"的改革力度。

在现阶段，中铁总由三大领域组成：（1）以 18 个铁路局为基础的路网领域（包括运营）；（2）以 3 大专业运输公司为代表的运营领域；（3）以中国铁投为基础的资本领域。其"瘦体健身"过程如图9-1 所示。

在网运分离之后，中铁总变为由两大领域组成：（1）以 18 个铁路局为基础的路网领域（不包括运营）；（2）以中国铁投为基础的资本领域。

在以中国铁投为基础成立中铁国投并划归财政部（或国资委）之后，中铁总（或在之前整合为中铁路网）只剩下一块以 18 个铁路局为基础的路网领域（不包括运营）。此时中铁总只剩下路网业务，已经完成了从"中铁总"到"路网公司"的"瘦身健体"。

9.2.2　运营领域

在以前的铁路内部，行车调度似乎是更为重要的工种，客货运专业运输处于相对附属的地位。2017 年 11 月，中国铁路总公司对内部机构进行了调整，客运部、货运部成为与其他职能部门平行的机构，客货运输取得同样甚至更为重要的地位，铁路运营正在市场变革中逐步从附属走向主体地位。网运分离之后，铁路运营更能充分地参与市场竞争，激活铁路运输市场。

1．三大专业运输公司加快战略转型

以中铁快运为例，相较于 18 个铁路局，中铁快运拥有服务网络化需求的能力。各个铁路局要开展全国路网范围的运输产品服务较为困难，但中铁快运作为独立于各铁路局的运输公司，拥有全国范围的铁路资源，其在开展全网运输服务方面独具优势。我们认为，中铁快运

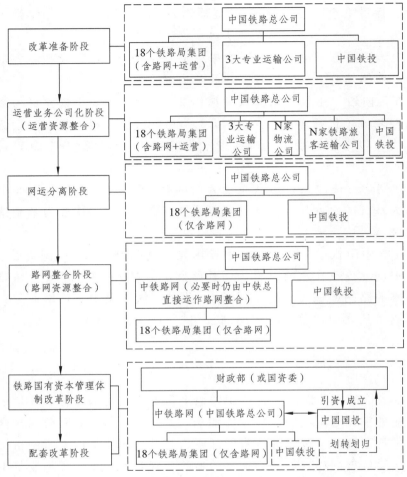

图 9-1　中铁总"瘦体健身"示意图

的产品服务定位应当是基于 18 个铁路局集团提供的路网资源，打造面向物流企业的网络化干线运输能力，即中铁快运的业务应当是 2B（to business），而非 2C（to customer）（如图 9-2 所示）。

这样，中铁快运可不必直接面向客户组织货源，且同顺丰、"四通一达"等的竞争关系也会转变为合作关系，充分发挥自身优势为快递品牌提供铁路线上运输服务，而快递企业充足的货源也便于铁路"化零为整"，优化铁路零担运输的货运组织，提高运输效率。

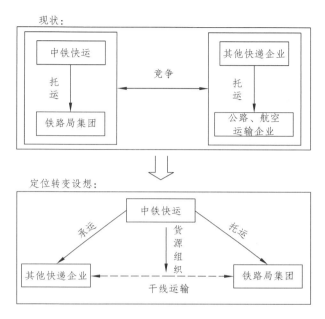

图 9-2　中铁快运定位关系转变图

中铁特货和中铁集装箱也应当基于 18 个铁路局集团提供的路网资源，优化面向物流企业的网络化干线运输能力。

2．运营企业的多元经营

当前我国铁路运输主要经营客货运输业务，对于铁路的多元商业价值还处于不断挖掘的过程，而日本民营铁路已经具备较为完善的铁路多元商业开发模式，其发展模式可为我国铁路运营提供借鉴。

日本民营铁路的商业经营模式主要包括铁路沿线房地产、车站配套商业、酒店业、观光休闲业及其他模式，将铁路经营与城市开发相结合，使主业与辅业相互促进和融合发展。这些模式促进了铁路与沿线区域经济的共同发展，对于我国铁路的商业经营具有重要的借鉴意义。[73]

以在东京城市圈的民营铁路公司为例，东京急行电铁株式会社（以下简称"东急"）的资本金规模约为京成电铁株式会社（以下简称"京成"）的 3.31 倍，但是在营业里程方面东急则只相当于京成的

68.88%，而东急的客运收入占总收入的比例也较京成低 28.08%。出现这种差异的重要原因之一是东急更为积极地采取了多元化经营战略，开展了与主业相关的其他辅业经营。

目前，我国 18 个铁路局集团在改制后都新增了房地产业务，个别公司对增量房地产开发业务还较为积极，但这种行为在当前市场环境下存在较大风险，较为稳健的做法是在保障车站行车用房的前提下积极引入社会资本开发商旅经济，充分盘活车站存量房产。

我国铁路运营企业可充分借鉴日本铁路多元经营的模式，在12306 旅行服务、房地产、旅游、百货等方面进一步发掘铁路运营的多元价值。

9.2.3 工程领域

近年来，铁路工程企业在探索市场的同时也在扩大自己的经营业务。如中国中铁旗下子公司中铁工业与常州天晟新材料股份有限公司在南京合资成立了中铁轨道交通装备有限公司，这意味着中铁工业把经营业务扩展到研发制造跨座式单轨、磁悬浮、悬挂式轨道交通、有轨电车、智能虚轨等新制式轨道交通车辆上。

目前，我国最大的轨道交通车辆制造商是中国中车。按照惯例，之前大多数情况下是由中国中铁或中国铁建承担轨道交通施工任务，由中国中车提供车辆，这就意味着中铁工业的轨道车辆下线后，将会和中国中车展开正面竞争。

但我们认为，中国中铁等铁路工程领域企业应当将主要业务板块放在基础设施建设业务而非新制式轨道交通车辆的制造上，应该积极优化资源配置，加快结构调整，完成内部资源整合，发挥企业产品优势，加快现有产品"走出去"步伐，实现专业化和规模化经营。中国中车等铁路装备企业则需要大力提高轨道交通装备的技术水平和新产品开发能力，成为国际一流的综合型重工装备和配套服务提供商，实现"中国产品"向"中国品牌"的转变。

铁路各领域之间的融合发展应当采取资本融合的方式，而非直接参与业务竞争。铁路工程领域如果想向铁路装备领域延伸，应当采取投融资合作的模式，这样有利于各领域专注发展自身业务，同时可以加强铁路各领域之间的联系，促进整个行业的良性发展，避免不必要竞争带来的资源浪费。

9.2.4 装备领域

铁路装备企业在国内市场的发展与中国铁路总公司息息相关。由于双方的垄断性质，作为甲方的铁路总公司并不完全具备优势，其装备需求也要依赖中车。中车与中铁总之间，可以说是一个垄断巨头与另一个垄断巨头之间的博弈。

自 2014 年 12 月中国南车和中国北车合并为中国中车后，中车和中铁总之间就开始了将近三年的价格博弈。例如，2017 年 8 月，中铁总采购 104 列"复兴"号，提出降价 20% 的要求，由于降价幅度太大，中车难以接受，供应商也表示不满。该价格之争持续半年有余，最终以中铁总让步、降价幅度 5% 结束。

除了价格之争，双方在维修领域也存在分歧。对于中铁总来讲，除了连年增加的负债，每年的车辆采购和维护又是一大笔支出。因此，除了在采购价上下功夫，中铁总也开始通过车辆自主维修来减少开支，甚至进入高级修领域。

为了解决双方前述矛盾，2017 年 8 月 21 日，中国铁路总公司与中国中车集团公司在京签署《中铁总与中车战略合作协议》（下称"《协议》"）。《协议》针对中车与中铁总之间关于价格、质量及知识产权等方面的纷争提出了相应的解决措施。在铁路装备高级修合作方面，双方约定以修程修制为基础，结合装备维修布局规划开展合作。双方共同研究高级修产能布局，中车将积极参与中铁总所属企业高级修产能的扩建，逐步压缩修时以降低成本。

我们认为，为了化解中铁总同中车之间的利益纷争，可在双方有争端的领域采用资本融合的方式合作，在优化资源配置的同时可以兼顾双方利益，减少利益摩擦，同时促进整个铁路行业的融合发展。例如，可由双方为主要股东，积极吸引地方国有资本和民营资本，发起成立中国铁路移动设备股份有限公司（简称"中铁移动"），将《协议》

达成的共识全部由中铁移动这样一个实体来具体实施。我们建议，我国国家铁路所有机务段、车辆段、动车段（所）的存量部分，可以分批划转中铁移动管理，增量部分由中铁移动统一规划、建设、运营。

由于铁路移动装备领域资产、业务、人员边界十分清晰，而且主要业务又属于国家战略性新兴产业，对于地方各类资本具有极强吸引力，整个领域实施股份制改造条件最好，所以我们建议尽早贯彻中央精神实施股份制改造。

9.2.5 资本领域

2013 年，中共十八届三中全会《中共中央关于全面深化改革若干重大问题的决定》指出，"完善国有资产管理体制，以管资本为主加强国有资产监管，改革国有资本授权经营体制，组建若干国有资本运营公司，支持有条件的国有企业改组为国有资本投资公司。"

我们认为，为推进铁路领域国有资产管理向管资本为主转变，当条件具备时，应当以中铁总旗下的中国铁路投资有限公司为基础成立中国铁路国有资本投资运营公司（以下简称"中铁国投"），并划归财政部或国资委，同时将中国路网、中国中车、中国通号、中国中铁、中国铁建等铁路行业央企的股权由国家授权给中铁国投管理。

中铁国投就相当于铁路领域的"淡马锡"。淡马锡成立于 1974 年，其全称是淡马锡控股（私人）有限公司（以下简称"淡马锡"或"淡马锡公司"），英文名是 Temasek Holdings（Private）Limited。淡马锡公司名称虽有"私人"字样，但它却是新加坡财政部 100% 控股的国有资本投资公司。

成立之初，淡马锡负责管理新加坡政府设立的国有企业，政府希望淡马锡通过商业化资本运作培育有独立经济能力的本土企业。最鼎盛时期，淡马锡直接持有 44 家（总）公司的股权，其中控股 27 家、参股 17 家。

根据《淡马锡年度报告 2018》，截至 2018 年 3 月 31 日，淡马锡的投资组合净值为 3 080 亿新元（约 2 274 亿美元），一年期股东回报率为 12%，10 年期股东回报率为 5%。

　　"淡马锡模式"植根于新加坡独特的政治法律环境，在我国完全推广复制"淡马锡模式"存在诸多局限，但"淡马锡模式"在国有资本管理体制方面为我国国企提供了很好的借鉴。

　　淡马锡的职责定位是履行"商业公司的所有者责任"。也就是说，淡马锡是依据授权对其所属公司行使出资人职权的商业化主体，其天生的职责是实现"政企分开"，授权行使出资人职责，其本身就是出资人。

　　政府对淡马锡的影响主要表现在两个方面：一方面面派股东董事参与董事会的方式知晓企业的运作情况，并参加董事会决策和方针制定；另一方面，淡马锡和财政部之间也建立了协约机制，让政府能够及时了解公司绩效，淡马锡也会及时通告政府买卖资产的计划。

　　我们建议在铁路领域成立一家"铁路淡马锡"——中铁国投，其目的是优化铁路国有资本管理体制，进一步推动政企分离，推进铁路企业运营的市场化。

　　中铁国投成立或组建后，其使命是推动铁路各领域国有企业布局结构调整，同时按照市场化的运作方式进行投资。中铁国投的股东都是各个独立的出资人、企业法人，完全可以按照市场化原则操作。

　　简言之，中铁国投承担着双重使命：

　　一是推动铁路各领域国企结构布局调整。具体说来，中铁国投主要承担优化铁路国有资本布局结构、提升铁路产业集中度、提高铁路国有资本运营效率等重大使命，重点支持铁路各国有企业及铁路国有骨干企业产业布局优化、转型升级、专业化整合、国际化经营等项目，是服务于国家供给侧结构性改革、推动国有企业及国有骨干企业转型升级和结构调整的市场化运作的专业投资平台。

　　二是通过市场化投资获取回报，实现铁路国有资本的保值增值。同其他领域已成立试点的国有资本投资运营公司一样，中铁国投成立的另一使命是实现铁路国有资本的保值增值。中铁国投将采取市场化的改革措施和管理手段，以铁路产业资本投资和股权运营为主，着力提高铁路领域企业竞争力，改善铁路国有资本的分布结构和质量效益，在增强铁路国有资本的活力、控制力和影响力的同时，实现铁路国有资本的保值增值。

　　中铁国投的双重使命决定了未来中铁国投将在全面深化铁路改革

过程中扮演至关重要的角色。作为市场化运作的专业投资平台，中铁国投将探索铁路国有资本投资运营的有效模式，同时有力推动实体产业发展，落实供给侧结构性改革。

9.3 总 结

（1）国企改革主要分为国家所有权政策、国有资产管理体制、企业治理结构、企业运行机制四个层次。企业运行机制是直接实现国有企业效益的层次，而国家所有权政策是国有企业发展和管控的根源，国有资产管理体制是实现国家所有权政策的有效途径，企业治理结构则是企业运作的骨架。

（2）对中国铁路总公司实行"瘦体健身"是实行铁路国家所有权政策的需要，是充分发挥市场竞争优势的需要，是从根本上解决铁路深层次问题的需要。

（3）我国铁路运营企业可在 12306 旅行服务、房地产、旅游、百货等方面发掘铁路运营的多元价值。

（4）中铁快运等专业运输公司的产品服务定位应当是：基于 18 个铁路局集团提供的路网资源，打造面向物流企业的网络化干线运输能力，即中铁快运的业务应当是 2B(to business)，而非 2C(to customer)。

（5）铁路工程领域企业应当把业务重心继续放在基础设施建设、勘察设计与咨询等传统优势业务上，进军新制式轨道交通车辆市场的行为建议暂缓。

（6）为了化解中铁总同中车之间的利益纷争，可在双方有争端的领域采用资本融合的方式合作，在优化资源配置的同时可以兼顾双方利益，减少利益摩擦，同时促进整个铁路行业的融合发展。

（7）中铁国投就是铁路领域的"淡马锡公司"，承担着推动铁路各领域国企结构布局调整与实现铁路国有资本的保值增值的双重使命。

第10章 我国铁路监管体制的总体构想[①]

10.1 铁路监管现状分析

2013 年铁路实现了政企分开，铁道部被正式撤消，组建了国家铁路局和中国铁路总公司，前者由交通运输部管理，承担铁道部行政职责；后者以央企性质存在，归国务院直接管理，承担铁道部的企业职责[75]。这次铁路管理体制改革使得监管主体比较明确，权力分配相对清晰，各监管机构职能规定较为具体。

目前，我国铁路行业政府监管机构有三类：交通运输部，专业监管机构——国家铁路局，综合监管机构。其中，综合监管机构包括财政部、国家发改委、国资委等，三者承担不同的监督管理职能[76]。交通运输部负责制定铁路发展规划并对整个铁路行业进行政策性行政管理，立法指导与监督；国家铁路局负责铁路安全监察、运输监管、工程质量和设备质量等方面的监督管理，并完善监督管理制度和技术标准体系，监督铁路企业落实安全生产主体责任；财政部主要监管铁路财税，国家发改委负责铁路行业运价监管和投资管理，国资委负责对所监管铁路企业（工程、装备领域企业）的国有资产进行监督管理。

但是现有的监管体制仍然存在一些深层次问题和结构性矛盾，主要表现在以下几个方面。

---

① 本章由"铁路改革研究丛书"第 10 本《铁路监管体制研究》的主要观点构成。有关铁路监管体制的详细分析，建议参阅《铁路监管体制研究》一书。

1．铁路监管体制改革缺乏顶层设计

目前，铁路监管体制改革进程不明显，各监管部门有效协调不足，导致这些问题的重要原因是缺少一个统筹全局的组织机构。

首先，铁路监管体制改革是一个复杂和渐进的过程，现有铁路监管机构涉及交通运输部、国家铁路局、财政部、国家发改委、国资委等多个部门，但铁路监管体制改革很多事项的决策已经超出了这些部门的决策范围，需要组建一个能对铁路监管体制改革重要事项进行统筹协调的组织机构，对铁路监管体制改革做出顶层设计。

其次，从我国现有的监管组织架构来看，我国铁路行业监管职能分散在多个监管部门，但在实际操作中，由于缺少一个统筹全局的组织机构，监管机构繁多且多方协调不力，很容易出现信息交流不畅通、问题反馈不及时、政策执行不到位等问题，同时对于涉及系统性、全局性的问题也很难做到有效协调和监管，监管效率有待提高。

2．法律保障较为滞后

我国铁路监管改革始于 20 世纪 80 年代，但当时的改革主要是为了解决铁路行业面临的窘迫的财务问题，并未触动最根本的管理体制问题，改革主要是采取"摸着石头过河"的策略，奉行"先改革后立法"的方式，缺少有效指导铁路监管体制改革的法律保障和制度设计。21 世纪初以来，我国铁路监管基本没有再出现重大改革，现有的《铁路法》与《价格法》也已经不能很好地适应社会主义市场经济发展的要求，不能有效指导我国铁路监管实践。

3．专业监管机构的监管职能不足

要实现独立、专业的监管，监管者必须拥有核心监管职能，但目前国家铁路局作为铁路行业的专业监管机构，没有投资准入和经济监管等关键职能，监管职能较弱。而投资准入和经济监管等职能直接影响铁路吸引社会资本进入的能力，事关铁路长期发展，因此有必要赋予国家铁路局经济监管职能。例如，同归交通运输部管理的中国民用航空局作为民航监督管理机构，则具有拟订民航行业价格、收费政策并监督实施，提出民航行业财税等政策建议的职能，充分发挥出了市场在资源配置中的决定性作用。

同时，目前中铁总其实仍然承担着重要的政府职能，控制着全国绝大部分的铁路线路、客货运输，在铁路运输市场中处于事实上的垄断地位，而国家铁路局的职权比较虚化，在履行监管职能过程中受阻，监管效果并不理想。

4．监管的独立性较难保证

监管机构保持相对独立可以避免监管侵占的现象，降低被利益集团俘获的可能性，并减少监管失灵现象的发生。铁路监管机构的独立性应体现在两个方面：一是监管机构独立于所监管企业和其他政府机关（或者名义上隶属于某个部门，实际也是相对独立的）；二是统筹铁路行业发展规划等的行政管理职能与负责铁路安全、运输、工程和设备监管等专业监管职能相分离。

目前，国家铁路局缺乏主要的技术和人员储备，全面接手监督管理事项难度较大，许多细致工作仍需铁路总公司配合才能进行，需要中国铁路总公司提供技术、人员等的支持。国家铁路局的监管独立性相对较弱，对中国铁路总公司的监管处于长期弱化甚至虚化的状态。

同时，国家铁路局也承担了原铁道部的一些其他行政职能，如参与研究铁路发展规划、政策和体制改革工作，这样又造成其将行政管理职能与政府监管职能集于一体，使得国家铁路局监管职能的履行容易受到政治和政策变化的影响，不满足监管机构独立性的要求。

5．缺乏监管评估、问责等保障机制

监管是对市场主体经济社会活动的微观干预。科学高效的监管需要合理有效的监管规则、先进规范的评估方法、开放透明的程序、专业负责的监管人员以及有效的监管权力制衡机制。

我国铁路行业的政府管理以行业管理为主，监管法律与监管方法较为落后，监管过程不透明，缺少专业化的监管人员和科学的监管评估与监督机制。例如运价监管中，没有充分考虑竞争替代、商业性和公益性区分等因素[77]。

在现行铁路行业的政府监管体制中，也缺乏对监管机构的问责监督机制。在无监督和责任追究的前提下，客观上很容易造成两个方面的风险：一是监管机构权力滥用，政策执行效率低，进而出现监管失效；二是监管机构监管权力受限，不能充分发挥监管作用，导致监管效率难以保证。

6．分类监管体系尚未确立

铁路涵盖工程、装备、路网、运营、资本等不同领域，这些领域的行业特征不同，功能定位也不同，有些具有较强的公益性，有些具有较强的商业性，有些同时具备公共服务、功能性等多种属性。因此，监管目的、监管重点和监管方式等应当有差别，才能体现监管的针对性。

但目前，我国铁路行业的公益性和商业性未被严格区分，各领域的竞争性和垄断性被捆绑在一起，对铁路实行的是"一刀切"的监管方式，导致铁路监管缺乏有效性和合理性。因此，应明确铁路行业工程、装备、路网、运营、资本五大领域的监管重点，制定分类监管方法，实现差异化监管。

10.2　铁路监管基本思路

国外铁路及国内典型行业监管体制改革都取得了一定成效，我国铁路监管可以借鉴这些经验并遵循我国铁路行业发展规律，完善铁路法律体系，为铁路监管体制改革保驾护航。按照分工合理、权责一致、监督有力、分类监管的基本要求，逐步完善我国铁路监管体制。铁路监管体制改革的基本思路主要包括以下几点。

1．借鉴国外铁路监管立法先行的经验

纵观国外铁路监管体制改革历史可以发现，不论铁路监管处于哪个阶段，总有法律作为执行依据。英国在颁布《铁路法》之后，才有了双重政府监管体制的建立；美国的《斯塔格斯铁路法》为美国地面运输委员会成立奠定了基础；德国的《铁路新秩序法》助力后续铁路改革顺利进行，等等。

因此，我们建议将《铁路法》的修改纳入国家立法计划，建立完善以《铁路法》为主体的铁路行业法律、法规体系，以立法手段对铁路市场监管制度体系进行总体设计和全面部署。同时，将铁路市场监管机构的主要职责，以及铁路建设和运输市场准入与退出规则、铁路运价制定规则、铁路运输市场竞争规则、铁路企业兼并与收购规则等，以法律条文或部门规章的形式做出明确规定，形成一整套实施铁路市场监管的纲领性文件，为监管机构真正做到科学监管、依法监管、有效监管提供制度保障[78]。

2．合理处理政策主管部门与行业监管之间的关系

独立性是铁路监管机构履行职责的核心要求。根据监管独立性原则，实现政监分开、政企分开，使监管机构的决定不受其他政府机构的不当影响。监管机构独立性应包括以下三点要求：① 铁路监管机构设置独立，这种独立性不仅体现为它与任何运营企业没有任何关系，更主要的是它独立于其他政府机关（或者名义上隶属于某个部门，实际也是相对独立的），即监管机构不应享有制定铁路行业发展规划等行政职能，也不受一般行政管理部门干预和控制；② 法律地位独立，即由法律明确规定监管机构的独立地位，并赋予其职权和职责；③ 独立和充足的经费来源，这是保障铁路监管机构能够独立运行的经济基础[79]。

监管机构应专注铁路行业监管，可将经济性监管职能主要集中于专业性监管机构，以增强铁路吸引社会资本进入的能力，发挥市场在资源配置中的决定性作用；将社会性的监管职能交由社会综合监管机构承担，以提高监管效率。作为专业性监管机构，国家铁路局应进一步做实、做强对铁路安全、客货运输、服务质量、运输市场准入等方面的监督管理。财政部、国家发改委、国资委等综合监管机构主要承担社会监管职能，其监管分工如下：财政部主要负责监督铁路国有资本投资运营公司，制订公益性补偿机制以及铁路债务方案，等等；国家发改委主要负责统筹铁路发展规划等；国资委主要负责监督所监管铁路企业国有资产、国有资本的安全。

3．制定灵活有效的经济监管政策

美国以颁布法律为保障，逐渐放松了对铁路的管制，包括对铁路行业准入与退出的规制及价格规制。英国依据法律，对路网和运输业区别规制：对路网基础设施进行严格规制，而对客运和货运则放松准入规制，逐步引入竞争。日本铁路行业进入放松规制时期后，放松了准入与价格规制。

我国铁路不同领域企业具有不同的产业性质和技术经济特征，不能笼统地对铁路各领域企业实行放松管制或强化管制，必须根据它们不同的技术经济特征和产业性质实施分类管制，采取灵活有效的经济监管。总结上述国外铁路监管体制改革实践可以发现：针对铁路运输企业，为适应市场需求、扩大竞争，应当适度放松经济监管；针对路网企业，为保证运输安全，确保公平竞争，应当实行严格管制。因此，我国在实施"统分结合的网运分离"后，应对路网和运营企业区别规制：对路网进行严格规制；进行统一规划建设、调度指挥；对客运和货运则放松准入与退出、价格规制，逐步引入竞争。

4．立足现状，采取渐进式改革方式，逐步过渡到理想监管模式

根据我国铁路监管现状，按照循序渐进的改革思路，我国铁路监管体制改革可分以下两个步骤进行：

第一步：建议在交通运输部下设专业监管机构，此外另设其他综合监管机构，这是我国铁路监管的现有模式，但应进一步考虑做实、做强专业监管机构的监管职能，创建单独问责机制。在此阶段，可不设置新的监管机构，交通运输部继续承担政策性监管的工作，财政部、国家发改委、国资委等综合监管机构履行社会性监管的职能，并且进一步加强国家铁路局的安全监察、运输监管、工程质量及设备监管等职能。这种模式是过渡性的，在铁路行业发展壮大和铁路市场化达到一定程度后，铁路监管机构应当朝着独立化的方向发展。

第二步：在交通运输部之外构建独立专业监管机构，保证机构设置独立、法律地位独立及经费来源独立。在此阶段，有必要组建一个统筹协调各监管机构的组织机构，确保各监管机构依据法律法规分类独立监

管铁路各项内容，可将经济性监管职能主要集中于专业性监管机构，将社会性的监管职能交给社会综合监管机构进行承担，以提高监管效率。其中，负责统筹协调的组织机构应承担长远且全面地制定铁路发展规划，起草相关法律法规草案、规章草案、政策和标准，监管协调各监管机构的职责。由于此监管模式涉及的部门较多，职能调整变化较大，实际操作具有一定难度，可考虑在我国铁路改革与重组基本到位后实施。

5．根据国有企业不同功能定位，构建分类监管体系

中共中央、国务院印发的《关于深化国有企业改革的指导意见》明确指出，应将国有企业分为商业类和公益类，实行分类改革、分类发展、分类监管、分类定责、分类考核，推动国有企业同市场经济深入融合[80]。

由于铁路企业不同领域的性质不同，需要实行分类监管，才能增强监管的有效性。因此，我们建议：首先，应明确铁路工程、装备、路网、运营和资本五大领域的功能定位和发展目标；然后，根据功能定位对不同领域企业采取绝对控股、相对控股、参股等控制方式；最后，明确各领域的监管重点，对不同领域企业制定相应的监管模式、考核机制和政策设计，提升监管的针对性和有效性，进一步激发铁路各领域企业的活力。

10.3　铁路监管备选方案

针对我国铁路监管现状及上述监管改革的基本思路，本章提出了两种铁路监管备选方案：一种方案是分散监管，即在维持现有监管机构不变的基础上明确各个机构的监管职责，比如进一步做实、做强国家铁路局的监管职责，进一步明确财政部提出处理债务方案和公益性补偿机制方案的职责等；另一方案是集中监管，即组建铁监会或铁监委①，集中行使目前由各个部门承担的监管职责。

---

① 借鉴中国银行业监督管理委员会（简称"中国银监会"或"银监会"），
建议将其命名为铁监会或铁监委。

1．分散监管方案

针对当前我国铁路各监管部门监管效率有待提高、监管能力有待提升的现状，我们建议明确各机构的监管职能，并进一步做实做强其监管职能。铁路专业性监管机构主要是指国家铁路局，其监管职能主要包括监督铁路安全、客货运输、服务质量、运输市场准入和退出等方面的内容，后续也可增加经济监管职能，以增强铁路吸引社会资本进入的能力，发挥市场在资源配置中的决定性作用。综合监管机构主要包括财政部、国家发改委、国资委等，其中：财政部主要负责组建并监督铁路国有资本投资运营公司，制定公益性补偿机制以及铁路债务处置方案，等等；国家发改委主要负责统筹铁路发展规划等；国资委主要负责监督所监管铁路企业国有资产、国有资本的安全。

2．集中监管方案

与分散监管方案相对应的另一备选方案是集中监管方案，该方案的具体内容为：组建一个独立于目前各个监管部门的机构，可以借鉴银监会，将其命名为铁监会。其职能是集中承担目前作为铁路专业监管机构的国家铁路局以及作为铁路综合监管机构的财政部、发改委、国资委等铁路监管机构对铁路行业所承担的监管职责。

集中监管方案的实质是将国家铁路局、财政部、国家发改委、国资委等机构对铁路行业的监管职能分别剥离出来，组建一个新的监管机构（即铁监会或铁监委），来实现铁路的统一监管。

10.4 结　论

本章通过分析我国铁路监管体制现状及存在的问题，结合国外铁路及国内典型行业监管改革的启示，阐明了我国铁路行业监管体制改革的基本思路，并提出铁路监管备选方案。本章的主要结论如下：

（1）通过分析我国铁路监管体制现状，可发现我国铁路监管仍存在缺乏顶层设计，法律保障较为滞后，专业监管机构的监管职能不足，监管的独立性较难保证，缺乏监管评估、问责等保障机制，分类监管体系尚未确立等问题。

（2）基于对铁路监管理论的认识，考虑到我国铁路监管体制的现状和存在的问题，我们认为，我国铁路监管体制改革的思路是：第一，借鉴国外铁路监管立法先行的经验。纵观国外铁路行业的监管改革历史可以发现，不论政府监管处于何种阶段，铁路改革总有法律作为执行依据。第二，根据监管独立性原则，实行政监分开，政企分开，使监管机构的决定不受其他政府机构的不当影响。第三，制定灵活有效的经济监管政策，根据铁路不同领域企业的性质相应地采取放松或严格管控方式。第四，立足现状、采取渐进式改革方式，逐步过渡到理想监管模式，可分步骤进行。第五，积极响应根据国有企业不同功能定位进行分类监管的号召，对铁路工程、装备、路网、运营和资本五大功能领域进行分类监管。

（3）我国铁路未来可采取分散监管方案，即在维持现有监管机构不变的基础上，明确各个机构的监管职责，或采取集中监管方案，即组建铁监会或铁监委，集中行使目前由各个部门承担的监管职责。

第11章　铁路改革保障机制的总体构想①

11.1　引　言

　　铁路改革保障机制是全面深化铁路改革的关键问题之一。铁路在我国相较于其他自然垄断行业具有更大的复杂性和特殊性，全面深化铁路改革涉及经济社会各方面的利益，仅依靠行政命令等形式推进并不可取。只有在党的领导、顶层设计、国家政策、法律法规、社会舆论、人力资源以及技术支撑等保障层面形成合力，完善铁路改革工作保障机制，才能推进铁路改革各阶段工作的有序进行。目前铁路改革在上述多个方面尚未形成合力，有些方面还十分薄弱，明显滞后于铁路改革和发展进程，难以跟上铁路改革发展的实际要求。

11.2　铁路改革保障机制总体框架

　　全面深化铁路改革必须在党的领导下展开。首先，需要建立一个超越部门和地区利益，能够统揽铁路改革全局的组织机构，形成铁路改革的顶层设计；根据组织机构对铁路改革工作部署，讨论通过改革的基本原则、总体目标与主要措施等，形成政策保障。其次，把以上政策细化，并上升为国家意志，形成法律保障。再次，深入开展宣传

---

　　① 本章由"铁路改革研究丛书"第 11 本《铁路改革保障机制研究》的主要
　　　观点构成。有关铁路改革保障机制的详细分析，建议参阅《铁路改革保
　　　障机制研究》一书。

思想工作，引导干部职工理解改革、支持改革，并加强外部宣传，形成宣传保障。最后，针对铁路改革的人才需求和技术要求，加强人才建设和技术创新工作，形成人才保障和技术保障。铁路改革保障机制总体框架如图 11-1 所示。

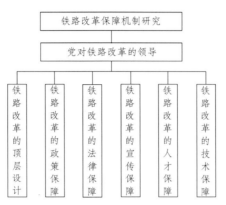

图 11-1　铁路改革保障机制总体框架

11.3　加强党对铁路改革的领导

中央全面深化改革委员会（以下简称"中央深改委"，2018 年 3 月 21 日以前为中央全面深化改革领导小组，简称"中央深改组"），是中国共产党中央委员会关于党和国家各领域改革的最高领导机构。中央深改委（深改组）高度重视国资国企改革发展重大问题，高度肯定国有企业的地位和作用，同时也对加强国资国企改革发展提出了明确要求。中央深改委（深改组）审议通过了一系列国资国企改革文件，例如《关于在深化国有企业改革中坚持党的领导加强党的建设的若干意见》《关于加强和改进企业国有资产监督防止国有资产流失的意见》《关于国有企业功能界定与分类的指导意见》《关于深化国有企业和国有资本审计监督的若干意见》等。

铁路改革作为国企改革的重点领域，是全国性重大改革，属于全局性、长远性、跨地区、跨部门的重大改革问题，其改革能否迈开步子、趟出路子，直接影响着全面深化改革成效。因此，铁路改革应引起中央深改委（深改组）的高度重视，换言之，铁路改革应为中央深改委（深改组）研究决策的重要事项之一。

11.4 铁路改革保障机制的构建

11.4.1 铁路改革的顶层设计

在铁路改革过程中，牵涉铁路的公益性补偿问题、国有资产的管理问题、债务问题以及投融资体制改革问题，涉及财政部、国资委和国家铁路局等部门，但目前并没有一个能够协调诸多部门、统揽铁路改革全局的机构。

11.4.2 铁路改革的政策保障

1．铁路混合所有制改革政策

《国务院关于国有企业发展混合所有制经济的意见》（下称《意见》）对国有企业混合所有制改革做出重要部署：通过深化国有企业混合所有制改革，推动完善现代企业制度，健全企业法人治理结构；提高国有资本配置和运行效率，优化国有经济布局，增强国有经济活力、控制力、影响力和抗风险能力等。当前，全面深化铁路改革要切实贯彻落实《意见》的相关要求，着力发展铁路混合所有制。

2．铁路投融资体制改革政策

铁路投融资体制改革虽然非常迫切，但不宜在铁路改革初期就进行，建议在网运关系调整过程中或调整到位之后进行，把具有自然垄断性的铁路路网基础设施与具有市场竞争性的铁路客货运服务完全分离，对组建的路网公司和若干客运公司、货运公司实施铁路投融资的分类管理。

3．铁路公益性补偿政策

在科学合理界定公益性铁路和公益性运输[81]的基础上建立铁路

公益性运输数据库，并制定相应的补偿标准，为国家制定铁路相关公益性补贴政策提供依据。同时应明确铁路公益性补偿的主体和对象，建立合理的铁路公益性补偿经济标准核算方法以及监督和评价制度。

4．铁路运价政策

一是基于运价形成机制角度，改变单一的以成本导向为主的定价方式，采用引入市场影响因素、考虑市场供需的综合定价方式。二是基于运价构成体系角度，首先应归并部分杂费项目，调整运价结构，然后应简化运费计费规则，包括杂费与附加费计算方法，最后应调整铁路现行投融资管理体制，改变资产所有制结构。三是基于运价管理体制角度，在市场化经济充分发展的环境下应实现市场主导管理模式，企业自主调整运价适应市场，国家政府部门根据市场信息的反馈仅采取宏观的调控手段。

11.4.3　铁路改革的法律保障

1．提高铁路改革制度设计层级

《铁路法》的修订涉及国有资产管理体制改革、网运关系调整等重大事项，可能超出交通运输部（国家铁路局）的工作职责，因此应由铁路相关部门牵头完成《铁路法（修正案）》草案。

2．加强铁路相关法律建设

我国现行铁路法律法规体系存在立法内容相对滞后、可操作性较弱、权责规范、效力层级低、配套法规规章不足等不适应之处[82]，应尽快修改完善以《铁路法》为核心的铁路法律体系，加强铁路相关法律建设。

3．按《公司法》对铁路运输企业进行改制

废止现行的铁路法律法规中与现代企业制度不相符的部分，结合铁路企业的特点，制定与《公司法》相配套的法律、法规和规章，并将铁路运输企业改制为自觉接受公司法、劳动法、社会保障法等法律法规调整的市场竞争主体和经营主体，建立规范的法人治理结构。

11.4.4 铁路改革的宣传保障

1．铁路改革内部宣传

一是拓宽铁路改革宣传阵地，壮大宣传力量，铁路企业除充分运用广播、电视、网络等新闻媒体进行宣传外，还应加强企业内部人员学习铁路改革的相关知识，为深化铁路改革呐喊。二是增强铁路改革宣传的针对性，正确把握宣传导向，使广大铁路干部、工人深刻认识到铁路改革的紧迫性。三是纠正模糊认识，引导铁路干部职工深刻理解全面铁路改革的重大意义、重点任务和具体措施，把铁路改革的决策部署变成铁路干部职工的思想共识，积极投身到铁路改革的实践中，确保铁路各项改革的顺利实施。

2．铁路改革外部宣传

一是拓展铁路改革宣传渠道，抓好各种有利时机，充分利用国内外传统媒体、互联网新媒体等多种媒体媒介，扩大铁路改革宣传效果，传递铁路改革正面价值。二是树立正确的铁路改革宣传导向，慎用"私有化""票价提高"等词句，避免民众因此产生忧虑、戒备甚至抵触心理。三是针对性开展铁路改革跟踪报道，积极配合国家实施"一带一路"倡议中关于政治、外交、经贸等领域的动向，努力将铁路改革与国家发展紧密结合，有计划、有针对性地展开宣传工作[83]。

11.4.5 铁路改革的人才保障

1．高层管理人才体系

一是董事会，铁路公司董事会成员一般不少于 7 人，不超过 13 人，分别在公司同时担任高级管理人员的"管理董事"、职工董事以及外部董事（包括专职外部董事）。铁路公司应建立外部董事市场化聘任制度，通过市场化引入外部董事。二是监事会，监事的任期每届为三年，监事任期届满时自然卸任，连选可以连任。铁路公司的监事会成员不应少于 3 人，并且其中的职工代表不应少于监事会人数的 1/3。

2．中层经营管理人才体系

一是改革铁路企业领导的行政任命制，建立人才公平竞争机制，才能使高素质的职业经理人脱颖而出，形成自我约束、自我监督的市场激励机制。二是改革铁路企业领导的薪酬制度，建立完善的激励与约束机制。

3．基层职工人才体系

由于城市轨道交通快速发展引起铁路人才外流和铁路行业快速发展，铁路基层职工面临着很大的人才缺口[84]。随着铁路实现政企分开、铁路总公司发展战略的重大调整，对人才在数量和质量上都提出了全新的、更高的要求，必须完善基层职工人才培养体系，健全培养渠道，这也是为铁路改革提供人才储备的关键。

11.4.6　铁路改革的技术保障

1．完善铁路技术标准工作

实行"统分结合的网运分离"方案，按照"路网宜统、运营宜分、统分结合、网运分离"的原则，实现全国路网整合后，加强完善铁路技术标准工作[85]，确保整个路网互联互通，强化路网安全显得尤为重要。

2．优化铁路技术规章体系

路网整合是铁路改革过程中极为重要的一步，以统一的铁路技术规章体系促进铁路互联互通，进一步保障铁路安全，是铁路改革的技术保障之一。加强铁路技术规章体系可从三个方面进行：一是强化铁路技术规章体系的顶层设计，优化现有技术规章体系；二是加强技术规章规范化、标准化编制，以《铁路技术管理规程》为例，铁路总公司各部门、各单位制定的技术管理文件都必须符合全国统一的《铁路技术管理规程》的规定，这既是"全国一张网"的必然要求，也是确保铁路安全的有效措施；三是建设统一的技术规章管理信息系统[86]，建议总公司对既有技术规章管理信息系统进行优化整合，开发功能完善、界面统一、信息共享的技术规章管理信息系统，清除信息孤岛。

3．加强信息化、智能化建设

我国铁路路网虽然规模庞大、线网复杂，但却具有密度小、承载能力低、布局不平衡的特点。实现路网整合，加强铁路信息化、智能化建设[87]有利于铁路更好地调节各线路的负荷，提高整个网络的能力利用程度和利用效率。

4．完善列车运行线定价机制

当铁路路网公司向铁路运营公司出售铁路线路使用权限时，铁路运输价格可实行政府指导价。其定价的对象为"列车运行线"，定价的关键在于确定列车运行线成本及路网公司的利润加成率。基于成本导向的铁路运输定价，是路网公司或者路网部门采用的定价方法，主要思路是将成本加上预期利润作为运输产品的价格。

11.5 结 论

本章以铁路改革保障机制为研究对象，在分析党对铁路改革领导的必要性的基础上，结合分类保障的理念，从顶层设计、政策支持、法律法规、社会舆论、人力资源以及技术支撑保障等层面展开研究，构建铁路改革工作的保障机制，以期为我国当前深化铁路改革工作提供制度保障。

第 12 章　铁路改革目标与路径的总体构想①

12.1　总体思路

12.1.1　主要依据

中共中央、国务院和相关部委多次重要会议精神为明确铁路改革目标与路径提供了理论依据，主要包括但不限于以下几个方面。

（1）2015 年 9 月出台的《中共中央、国务院关于深化国有企业改革的指导意见》（以下简称《指导意见》），系统、全面、有针对性地提出了国有企业改革的一系列重大方针政策和措施，是党的十八届三中全会以来国有企业改革经验教训的重要结晶，是当前和今后一段时期国有企业改革的纲领性文件[88]。其中，"根据不同行业特点实行网运分开、放开竞争性业务，促进公共资源配置市场化""推进国有企业混合所有制改革""推动国有企业完善现代企业制度"[89]等一系列重要论述，对于全面深化铁路改革具有重要指导意义。

（2）《中共中央、国务院关于深化国有企业改革的指导意见》②和《关于国有企业功能界定与分类的指导意见》③都指出应立足国有资本的战略定位和发展目标，结合不同国有企业在经济社会发展中的

---

① 本章由"铁路改革研究丛书"第 12 本《铁路改革目标与路径研究》的主要观点构成。有关铁路改革目标与路径的详细分析，建议参阅《铁路改革目标与路径研究》一书。

② 2015 年 8 月印发。

③ 2015 年 12 月，国资委、财政部、发展改革委印发。

作用、现状和需要，根据主营业务和核心业务范围，将国有企业界定为商业类和公益类，不同类型的国有企业实行分类改革、分类发展、分类监管、分类考核。

主业处于充分竞争行业和领域的商业类国有企业，原则上都要实行公司股份制改革，积极引入其他国有资本或各类非国有资本实现股权多元化。国有资本可以绝对控股、相对控股，也可以参股，并着力推进整体上市。对这些国有企业，重点考核经营业绩指标、国有资产保值增值和市场竞争能力。

主业处于关系国家安全、国民经济命脉的重要行业和关键领域，主要承担重大专项任务的商业类国有企业，要保持国有资本控股地位，支持非国有资本参股。对自然垄断行业，实行以政企分开、政资分开、特许经营、政府监管为主要内容的改革，根据不同行业特点实行网运分开、放开竞争性业务，促进公共资源配置市场化；对需要实行国有全资的企业，也要积极引入其他国有资本实行股权多元化；对特殊业务和竞争性业务实行业务板块有效分离，独立运作、独立核算，对这些国有企业，在考核经营业绩指标和国有资产保值增值情况的同时，加强对服务国家战略，保障国家安全和国民经济运行，发展前瞻性战略性产业以及完成特殊任务的考核。

这两份文件中，"分类改革"是全面深化铁路改革遵循的主要原则之一。

（3）《习近平总书记系列重要讲话读本》在第三部分"敢于啃硬骨头　敢于涉险滩——关于全面深化改革"中提出要把握和处理好全面深化改革的一些重大关系：一是处理好解放思想和实事求是的关系；二是处理好整体推进和重点突破的关系；三是处理好全局和局部的关系；四是处理好顶层设计和摸着石头过河的关系；五是处理好胆子要大和步子要稳的关系；六是处理好改革发展稳定的关系[90]。

（4）2016年3月李克强总理在政府工作报告中提出"推进股权多元化改革""探索基础设施资产证券化"[91]，特别是其中"基础设施资产证券化"属近年来首次提出，对深化铁路改革具有重要指导意义。铁路作为国家最重要的基础设施之一，目前负债水平较高，严重侵蚀铁路持续健康稳定发展的空间。国家铁路资产证券化对于盘活铁路存量资产、拓宽投融资渠道、提高社会资本参与铁路建设的积极性具有重要的现实意义，因而推进股权多元化改革也是全面深化铁路改革的主要依据之一。

12.1.2　基本原则

《指导意见》指出，国有企业改革应明确坚持和完善基本经济制度，坚持社会主义市场经济改革方向，坚持增强活力和强化监管相结合，坚持党对国有企业的领导，坚持积极稳妥统筹推进等五项原则。根据上述精神以及当前铁路实际情况，我们认为全面深化铁路改革应遵循以下基本原则。

（1）根本性原则：国家铁路属于全民所有，是推进国家现代化，保障人民共同利益的重要力量，为党和国家各项事业发展提供重要的运力保障。特别是铁路路网作为关系到国计民生的重要基础设施，毫不动摇地坚持中国铁路总公司代表国家至少持股 51% 以上，以确保国家对铁路基础设施的绝对控制，是深化铁路改革必须把握的根本要求。

（2）系统性原则：新时期我国铁路面临着铁路网运关系、现代企业制度、混合所有制、投融资体制、中长期债务处理、铁路运输定价机制、公益性补偿机制、铁路企业运行机制、铁路监管体制、改革保障机制、改革目标与路径等一系列关键问题，迫切需要一个统筹考虑、全面解决上述问题的综合改革方案。

（3）差异性原则：根据分类推进国有企业改革的原则，铁路路网具有公益性，属于公益类国有企业，应以保障民生、服务社会为主要目标；铁路运营更多体现出竞争性，属于商业性国有企业，按照市场化要求实行商业化运作，以增强国有经济活力、放大国有资本功能、实现国有资产保值增值为主要目标。

（4）渐进性原则：铁路改革问题较多，错综复杂，应遵循渐进性原则逐步深化改革。对于明显不符合市场发展需求、迫切需要解决的问题，应尽快实施改革；对于必须取得突破但一时还不那么有把握的问题，应在试点取得经验的基础上再做改革。总之，应贯彻渐进性原则，处理好"顶层设计"与"摸着石头过河的关系"。

（4）持续性原则：鉴于铁路改革的复杂性以及我们对其认识的局限性，很多问题在顶层设计阶段难以做出明确规划，因此上一阶段的铁路改革措施一定要兼顾未来改革需要，为未来改革创造有利条件。对那些持续性不好的铁路改革备选方案，应在顶层设计阶段予以坚决放弃。

12.1.3　主要目标

《指导意见》指出，到 2020 年，在国有企业改革重要领域和关键环节取得决定性成果，形成更加符合我国基本经济制度和社会主义市场经济发展要求的国有资产管理体制、现代企业制度、市场化经营机制以及国有资本布局结构更趋合理[88]的体系。根据上述目标以及当前铁路实际，我们认为，全面深化铁路改革的主要目标应包括但不限于以下几个方面：（1）明确铁路国家所有权政策；（2）妥善处置网运关系；（3）建立现代企业制度；（4）实现混合所有制；（5）改革投融资体制；（6）有效处置铁路债务；（7）优化铁路运输定价机制；（8）建立公益性补偿机制；（9）优化铁路企业运行机制；（10）健全铁路监管体制；（11）完善改革保障机制；（12）明确铁路改革目标路径。

12.2　改革路径

根据上述新形势下全面深化铁路改革的主要依据、基本原则与主要目标，我们认为应在加强顶层设计的基础上，按照"六步走"的实施路径积极稳妥统筹推进铁路改革。

12.2.1　改革准备阶段

1．阶段目标

该阶段主要目标：① 对铁路所有企事业单位进行资产清查及核对

工作；② 对非运输主业下属单位以及 18 个铁路局进行改制；③ 在完成对 18 个铁路局的改制后，对铁路总公司本级进行公司制改制；④ 推进非运输主业企业和三大专业运输公司的股份制改造；⑤ 继续深化货运改革、推进铁路客运改革。

2．几点说明

（1）开展铁路资产清查工作，防止后续改革过程中出现国有资产流失问题。固定资产在铁路运输企业资产中占的比例很大，以铁路工务段为例，固定资产总额要占到资产总额的 95% 以上，可见加强固定资产科学管理乃是铁路企业财务管理工作中的重中之重。

调整铁路网运关系必然涉及路网与运营的业务边界与资产边界，同时为了防范改革进程中国有资产流失的潜在风险，应在继续深入网运关系调整之前，先行实施铁路资产清查工作，为即将展开的网运分离创造良好条件。

（2）2018 年中央经济工作会议要求加快推动铁路总公司股份制改造，这是中央为铁路改革设定的总体性、终极性目标，我们建议中铁总以中央经济工作会议精神为指导，充分结合铁路实际，抓紧制定具体性、阶段性目标，报国务院、财政部审批后严格按计划执行。鉴于铁路改革迫在眉睫，应充分认识到铁路股份制改造方案论证需要较长时间，待方案明确后再实施中铁总改制可能存在贻误改革时机的风险。因此，建议在进一步论证铁路股份制改造方案的同时，应首先将中铁总改制为国有独资公司，以尽快发挥新体制机制的作用。

（3）在改革准备阶段推进三大专业运输公司股份制改造，一是为了贯彻学习 2018 年中央经济工作会议中关于"加快推动中国铁路总公司股份制改造"的精神，二是为后续推进网运分离做准备。

（4）客货运组织改革的重大意义在于：① 提高客货运效率与效益，有利于提高铁路干部职工收入水平，使其更加支持铁路改革，从而为铁路改革提供内在动力；② 能够为铁路创造良好的社会评价，使社会公众关心支持铁路改革，从而为铁路改革提供外部动力[92]。

12.2.2　运营业务公司化（运营资源整合）阶段

1．阶段目标

该阶段重点推进以下四项工作：一是做实、做大、做强三大专业运输公司；二是把 2013 年以来成立的一批货运营销中心的一部分职能划给货运部，另一部分划给货运受理服务中心[①]；三是对于货运受理服务中心的一部分，可根据铁路向现代物流转型发展的实际需要，以三大专业运输公司融资购买的形式，将其划转进入三大专业运输公司；四是对于货运受理服务中心的另一部分，则按照现代企业制度整合而成若干个类似三大专业运输公司的货运运营公司。以上三大专业运输公司与若干个新增的运营公司（简称为"3＋N"）构成铁路运营领域的骨干。运营业务公司化（运营资源整合）阶段的实质是在铁总的框架下实现初步的、事实上的网运分离。

2．几点说明

（1）作为中铁总与各铁路集团公司全资的股份制公司，上述若干专业运输公司将承担三大职能：一是初期将成为干线运输的竞争主体；二是中期将成为中铁总与铁路局框架内实现网运分离的推动力量；三是中远期将成为融资平台甚至上市公司，从而为铁路直接利用资本市场创造有利条件。

（2）本阶段应在中铁总统一领导、监督下进行，由各铁路局集团具体实施，从而充分发挥中铁总作为现行体制的积极作用。在本阶段目标达成之后，货运、客运、路网三类公司均为中铁总以及各铁路局集团全资或控股的有限责任公司，则我国铁路将在中铁总与 18 个铁路局集团框架内初步实现事实上的网运分离。

需要特别指出的是，我们之所以强调一部分货运中心划归三大专业运输公司，另一部分整合成一大批公司，主要是出于未来发展的需要，特别是到资本市场融资的需要：

---

① 货运受理服务中心的职责包括：货运业务集中受理、大客户维护、装载监控、服务质量监督等。

（1）这些运营公司要经常性地停牌面向社会开展募资活动，并且根据相关监管规定，相邻两次募集资金应间隔较长时间（18 个月），运营公司数量太少不便该类募资活动开展；

（2）中国铁路运营资产规模极其巨大，考虑到单个资本市场承受能力有限，铁路运营类资产 IPO 应面向包括中国 A 股在内的全球资本市场吸引社会资本，运营公司具有一定数量将有利于此项工作的开展。

12.2.3　网运分离阶段

1．阶段目标

该阶段的主要目标是将运营（主要是 3＋N 个运营公司）从路网（主要是"1＋18"）中逐步分离出来。将第二阶段中铁总及 18 个铁路局集团孵化出的一大批运营公司推向市场，除部分需兜底的公益性运输客货运营公司外，其余全部流转为社会资本控股或参股的股份有限公司（若具备条件可上市），并允许各类社会资本举办铁路运营公司，铁路运营作为"竞争性业务"彻底面向市场开放，实现较为彻底的网运分离。[93]此时兜底公益性运输的运营公司应实现国资控股的混合所有制改革，并从中铁总控股划转为中国铁投（或中铁国投）控股（也可以在铁路国有资产管理体制改革阶段实现），18 个铁路局集团不再继续参股。

2．几点说明

（1）铁路运营类业务属于充分竞争性业务（铁路军事运输除外），应彻底面向市场开放。因此，在实现上述股权流转之后，若条件具备应立法禁止中铁总及 18 个铁路局直接面向货主或旅客从事客、货运业务，强制中铁总以及各铁路局彻底退出运营类公司，其目的在于为各类社会资本参与运营类公司创造公平环境[94]。

（2）铁路运营公司的股权多元化改革应以混合所有制的股份制公司为最终实现形式，这是贯彻党的十八届三中全会关于国有企业改革、建立现代企业制度精神的必然要求，是"混合所有制"这一重大理论创新在铁路领域的大胆实践。

（3）这一阶段仍要充分发挥中铁总和铁路局作为现有体制的作用，调动其参与改革的积极性，以运营公司产权流转来实现铁路混合所有制，为解决铁路中长期债务提供可靠途径。

12.2.4 路网整合（路网资源整合）阶段

1．阶段目标

路网资源整合主要包括两项任务：

（1）整合业务站段成立综合段。

将工务、电务、供电合并为工电供综合段，推进实施工务、电务、供电、通信多工种管理综合化、维修一体化和大修专业化，建立与铁路发展相适应的劳动组织和生产管理模式。

（2）逐步将"1+18"整合为一个路网集团公司。

对全国路网进行整合，将中铁总以及剥离了客、货运公司的18个铁路局整合为一个统一的路网公司。现有各铁路局集团公司继续保留并成为中铁路网的子公司；现各铁路局集团的调度所可作为路网公司的数个区域调度中心（或派出机构）。整合后的路网公司将减少或消除目前各铁路局集团之间基于自身利益的相互纠缠，有利于在保证安全正点的前提下，以提高效率为首要目标。

2．几点说明

（1）虽然铁总目前已经在全路推行业务站段整合工作，但我们认为整合站段宜安排在"网运分离"之后进行。本丛书提出的铁路网运关系调整具有"路网宜统、运营宜分、统分结合、网运分离"特点，其中"路网宜统""统分结合"中的"统"，一方面是指整合业务站段，另一方面是指把1个中铁总和18个铁路局集团"统"成一个路网公司，实现"全国一张网"。表面上看，"站段整合"工作放在铁路改革任意阶段进行都可以，实则不然。

在改革准备工作尚未到位、运营资源尚未整合的情况下，现阶段整合工、电、供等业务站段存在以下弊端。

①　合并工、电、供等业务站段属于铁路内部极为深入的改革事项，虽然难度较大，但是改革的显示度不高，容易给公众或媒体"铁路没改革"或"铁路推进改革不力"的错觉。

②　在铁路改革路径设计中，我们始终强调坚持"稳中求进"工作总基调，要以"路网之不变"应"运营之万变"。现阶段整合工、电、供等业务站段，如果整合过程中出现差错，可能对路网安全基础有所触动。

③　要充分考虑到国家铁路系统对变革的承受能力，不能所有的改革目标在同一时间内达成，也不能所有的改革措施在同一时间全部推进。因此，根据改革目标的轻重缓急，作者认为业务站段整合应在网运分离后实施。

④　在运营资源整合并实现网运分离之后再推进站段整合，可在后期利用铁路发展处理改革导致的人员安置问题。如果将业务站段整合这一工作稍往后安排，则可充分利用我国新建铁路的用人需求安置改革调整下来的干部职工。如此，既稳步消除了改革带来的人员稳定风险，又使广大铁路职工在改革中受益。

⑤　当前整个运输市场特别是货运与物流市场，提升铁路市场份额仍有很大空间，但铁路局集团尚不具备全国性、网络化物流供应商的特点，做大做强三大专业运输公司的需求十分迫切。铁路改革应首先集中精力整合运营资源，尽快形成全国性、网络化的运营公司，让"3＋N"尽快发挥新机制的作用①，尽快提升铁路客货运市场份额，尽快实现铁路货运增量上量，为铁路运输收入增加创造有利条件，为进一步推进后续改革提供良好的舆论氛围。

（2）由于要形成全国性的路网公司，此项改革应由国家铁路局宏观指导、中铁总统一领导、各个铁路局具体参与。

（3）统分结合的网运分离具有如下优势：统一的全国性路网公司（中铁路网）有利于维护路网的统一性，从而保证运输安全，提高运输效率，而客货运业务作为竞争性业务将由一大批各类运营类公司承担。

---

①　主要是指：运输市场的竞争主体；网运关系优化的推动力量；资本市场的融资平台。

（4）中铁路网（集团）股份有限公司与车务、机车、工务、电务、车辆、供电、信息等各专业之间的关系有多种方案可供选择：一是有产权联系的事业部制、子公司制、分公司制等；二是相互平等的平行公司的形式。未来究竟采用何种形式，将在充分考虑国家意志的前提下由其股东决定。

12.3　铁路国有资产管理体制改革

1．阶段目标

在进行路网整合后，在铁路领域成立国有资本投资运营公司，完善铁路资产监管，提高资源配置效率，充分发挥投资运营公司的作用，推动铁路改革。

2．几点说明

在对路网进行整合，成立中国铁路路网股份有限责任公司之后，以中铁总旗下中国铁路投资有限责任公司（简称"中国铁投"）为基础成立的中国铁路国有资本投资运营公司（简称"中铁国投"），并将其划归财政部（或国资委），将中铁路网、中国中车、中国通号、中国中铁、中国铁建等铁路行业央企的股权，由国家授权给中铁国投管理，同时中铁国投可引入其他央企以及地方国资增资入股。

（1）资本领域：以中国铁投为基础成立中铁国投，由铁总管理提升为财政部（或国资委）管理；可引入其他央企、国家级基金、地方国资（如各省级铁投公司）等进入；

（2）路网领域：将中铁路网由财政部履行出资人职责调整为由中铁国投履行出资人职责；

（3）运营领域：三大专业运输公司出资人由中铁总调整为中铁国投，其他运营公司中的国有资本（如果有）也划归中铁国投；

（4）工程领域：将中国铁建、中国中铁以及其他工程类公司中的国有资本（如果有）划归中铁国投；

（5）装备领域：将中国中车、中国通号以及其他装备类公司中的国有资本（如果有）划归中铁国投①。

中国铁路国有资本投资运营公司以资本为对象，开展投资运营，需要建立完善的现代企业制度，健全协调运转、有效制衡的公司法人治理结构。适应资本运营需要，全面加强风险控制及相应的公司内部管理机制，准确执行和体现出资人的意志。

12.4　配套改革

12.4.1　阶段目标

在成立投资运营公司之后，继续进行一系列配套改革，通过推进铁路运价机制改革，健全多元化铁路投融资体制机制，完善铁路公益性补偿机制，完善铁路行业管理和监管体制，等等。全面激发铁路发展活力，增强行业竞争力和持续发展能力，形成统一开放、公平公正、有效竞争的铁路运输市场。

12.4.2　几点说明

1．形成市场化铁路运价机制

价格是经济主体在市场运行中调节供求关系、合理配置资源、获取正常经济收益、参与竞争的重要机制。市场主体的多元化、运输需求多元化以及不同运输方式之间的竞争日趋增强等，使得建立以市场定价为主、国家宏观调控为辅的铁路运价形成机制成为必然。铁路企业应依据运输市场的需求自主定价，以适应不同的市场需求。铁路普通客运方面，采取上限运价制，在价格上限前提下，铁路客运企业根据供需进行调整。高铁客运价格完全放开。铁路货运运价，除军事战略物资由国家统一定价外，其他各类物资运价完全放开。

---

① 铁路工程和装备领域的企业在 2000 年铁路主辅分离改革中与铁道部分离，整体移交中央企业工委管理，后划归国资委管理（2003 年），本书建议的划转为中铁国投管理可理解为类似的操作模式。

2．健全多元化铁路投融资体制

明确界定政府在铁路发展中的财政支持范围，重点支持公益性较强的铁路运输基础设施建设、维护和运输服务。按照综合交通运输体系建设要求，统筹规划车辆购置税、燃油税、铁路建设基金、民航发展基金、港口建设费等专项税费的使用，发挥其在促进铁路运输发展和改革中的作用。拓宽融资渠道，运用 PPP 模式，实现投资主体多元化。加强激励机制设计，形成公平规范的公私合作机制。建立铁路运输基础设施项目财务风险评估、预警和控制机制，防范政府投资或政府担保投资项目的债务风险。

3．完善铁路公益性补偿机制

根据公益性程度对全国不同区位的铁路线和运输服务进行分类。依据不同属性，合理界定政府在基础设施建设和运输服务方面的责任。对于具有公益性属性的铁路线，中央和地方政府全部或部分承担其建设职责；对于具有商业性属性的铁路线，则可采取市场化建设和经营机制，使其具备吸引其他经营主体和外部资本进入的条件。政府投入铁路的资金实现专款专用、透明和可监管，防止资金转移和挪用。同时，在成本效益核算基础上，政府通过签订公共服务合同的形式向铁路运输企业购买具有公益性的运输服务或明确规定对部分业务提供运营补贴。

4．完善铁路行业管理和监管体制

将铁路发展战略、铁路网规划、标准制定等职能移交中国铁路路网公司，以保证全国铁路发展和路网规划的公正性和客观性。根据不同铁路网络的性质，在中央与地方之间合理划分铁路的市场准入、运输价格监管等权限。进一步加强铁路各级监管机构的能力建设，构建完善的铁路监管体系。

第 13 章　铁路改革：历史方位、关键问题与突出任务①

　　当前铁路一系列深层次问题十分突出，全面深化铁路改革迫在眉睫。受体制机制所限，我国铁路改革长期处于企业运行机制层次，而在铁路国家所有权政策、国有资产管理体制、企业治理结构等层次上基本没有进展，并且对当前铁路改革关键问题和突出任务缺乏全面认识和正确把握。因此，正确认识铁路改革的历史方位、关键问题、突出任务等问题，对于全面深化铁路改革具有重要的现实意义。

　　我国国企改革可分为国家所有权政策、国有资产管理体制、企业治理结构、企业运行机制四个层次。2013 年后我国铁路改革长期徘徊于企业运行机制层次，铁路一系列深层次问题难以解决，铁路改革亟须向更深层次推进。结合我国国企改革的四个层次，我国铁路改革亟须解决铁路国家所有权政策、网运关系调整、混合所有制、现代企业制度、投融资体制、债务处置、运价机制、公益性补偿、企业运行机制、监管体制、改革保障机制、改革目标与路径等 12 个关键问题，其中：铁路网运关系调整、现代企业制度建立以及债务处置为当前我国铁路改革最为紧迫的三项任务。

---

　　① 原文刊载于《综合运输》2019 年第 1 期，选入本书时略有删改。

13.1 国有企业改革的四个层次

改革开放以来，国企改革不断取得重大进展，是我国国有企业发展的重要推动力。总览我国国企改革 40 年发展历程，根据国企改革涉及深度的不同，国企改革可划分为四个层次：国家所有权政策层次、国有资产管理体制层次、企业治理结构层次、企业运行机制层次，如图 13-1 所示。

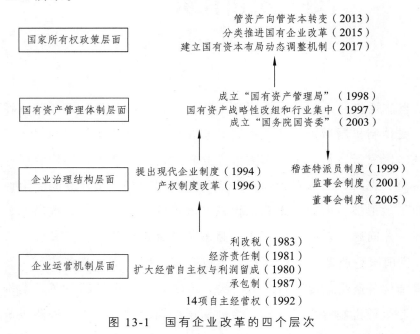

图 13-1　国有企业改革的四个层次

1. 国家所有权政策层次

国家所有权政策是国家作为国有资产所有者要实现的总体目标，以及国有企业为实现这些总体目标而制定的实施战略[95]。国家应该根据国有资本的战略定位和发展目标，结合不同国有企业在经济社会发展中的作用、现状和发展需要，将国有企业进行分类定位，并采取适宜的控制政策。国家所有权政策的实施效果不仅影响国有企业发展，对中国经济的发展也具有重大的现实意义，是国企改革最根本的层次。

2．国有资产管理体制层次

国有企业的所有者是全体人民，这种名义上的所有者无法履行其权能，无法直接参与到企业管理中，全体人民作为出资人的权利、义务、责任的"人格化"实现，以及由此建立起来的国有资产管理体制，是讨论一切机制和体制的基础[96]。在国有资产管理体制这一层次上，我们还有许多制度需要设计与完善。

3．企业治理结构层次

保证出资人权利在国企内部能够落地，保证股东权利精准化实现，需要完善公司治理结构。在市场经济国家，董事会制度是国有公司普遍采用的、代表出资人履行所有者权能的制度。但如何在我国国有企业中完善董事会制度和监事会制度，真正实现企业所有权和经营权的有效分离，仍然值得深入研究和探索。

4．企业运行机制层次

企业在高级管理人员的组织下进行企业的生产经营活动，就是企业运行层次。虽然国企改革 40 年，在企业运行机制层次上的改革效果最为突出，但与国际著名企业相比，我国国有企业的经营管理水平还存在着一定差距。这体现在，我国国企虽然在企业资产规模和销售规模上与国际一流企业的差距在缩小，但在盈利能力、技术创新、品牌建设等方面还有较大差距。

在上述国有企业改革四个层次中，企业运行机制是直接实现国有企业效益的层次，而国家所有权政策是国有企业发展和管控的根本方向，国有资产管理体制是实现国家所有权政策的有效途径，企业治理结构则是企业发展的骨架。虽然企业运行机制与企业效益直接相关，但其高效运作需要国家所有权政策的引导以及"资产管理"和"治理结构"的支撑。

有学者[96]认为，国企改革的最初几十年主要是在企业运行层次上做文章。然而，实践让我们认识到，仅在企业运行机制层次上做文章并不能彻底解决国有企业的低效率问题。我们认为，只有从国家所有权政策、国有资产管理体制、企业治理结构、企业运行机制四个层次协同发力，才能解决企业深层次弊病，从体制机制上破除企业发展障碍，实现企业效益的突破；仅从企业运行机制层面着手改革，缺乏前三个层次的有效支撑，改革往往难以深入，改革成效具有很大的局限性。

13.2　当前铁路改革的历史方位

13.2.1　新时代铁路的新使命

新时代必将赋予铁路新使命。

铁路已经成为"一带一路"倡议、中国铁路走出去、新一轮西部大开发、交通强国战略、乡村振兴战略、新型城镇化战略一系列国家战略（倡议）的共同交集：（1）在"一带一路"倡议下，中国铁路在境外从融资、设计、施工、装备、材料到运营，已经实现了中国铁路全产业链输出。中欧班列在亚欧大陆桥上遍地开花，使中国与"一带一路"沿线各国的联系日益紧密。（2）铁路建设是新一轮西部大开发的"催化剂"，加强西部铁路建设，以交通优势将社会力量整合成为发展合力，促进西部基础设施发展、经济状况改善。（3）交通强国，铁路先行。铁路作为综合运输骨干，落实交通强国政策，就有必要更加重视铁路改革发展。（4）铁路在服务乡村振兴战略方面也是大有可为，可进一步优化列车开行方案，加强铁路运输与道路交通多式联运场站建设，使铁路成为联接城市和乡村的重要纽带，在推动城乡融合发展上做出新贡献。例如，南宁铁路局集团首创的高铁无轨站是铁路在精准扶贫、乡村振兴等方面的重要创新。

为配合国家战略的实施和各项倡议的落实，铁路必须率先实现现代化：铁路网规模和质量达到世界领先，铁路技术装备和创新能力达到世界领先，铁路运输安全和经营管理水平达到世界领先；铁路企业体制机制改革创新水平进一步提升，铁路在综合交通运输体系中的地位和作用进一步提升，铁路服务国家战略和对经济社会发展的贡献进一步提升，使中国铁路成为社会主义现代化强国的重要标志和组成部分。

13.2.2 我国铁路的主要矛盾

一方面，铁路是国民经济大动脉、国家重要基础设施和大众化交通工具，是综合交通运输体系骨干，是重要的民生工程和资源节约型、环境友好型运输方式，在我国经济社会发展中的地位至关重要。作为一种具有生态文明特点的运输方式，运输结构调整已经成为防治污染攻坚战、打赢蓝天保卫战的重要举措，但是我国铁路运输市场份额明显偏低，与新时代赋予铁路的新使命不相适应。

另一方面，国铁系统科技创新日新月异，提速铁路、高速铁路、高原铁路、高寒铁路、重载铁路五大技术体系均达到世界先进水平，但其体制创新一直"好事多磨"，直到 2013 年实现政企分开，2017 年开展公司制改革，导致一系列深层次问题（如铁路投融资体制问题、债务处置问题）逐渐累积，进而加大了深化铁路改革的难度。

由此可见，我国铁路的主要矛盾表现在两个方面，一是经济社会发展赋予铁路的新使命与铁路履行新使命的能力二者之间不匹配的矛盾，二是铁路科技进步与体制创新二者之间不协调的矛盾。只有全面深化铁路改革，才能使铁路体制创新与科技进步协调发展，才能使铁路更好履行新时代赋予的新使命。

13.2.3 我国铁路改革总的判断

1．对 1978—2012 年铁路改革总的判断

无论是 20 世纪 80 年代的"大包干"还是 2000 年左右的"资产经营责任制"，都企图通过改变企业运行机制来解决铁路深层次的运行问题。尽管铁路在 20 世纪 90 年代曾进行过现代企业制度试点改革，在体制改革上进行了积极探索，但改革深度和广度都不够，改革缺乏总体设计，也没能继续下去。2000 年左右的铁路主辅分离改革，属于铁路行业国有资产管理层面的改革，主辅分离对于国资改革有着重要意

义，但运输主业仍保持原有的经营管理体制。2005 年撤消铁路分局，提高了铁路运输管理的效率，但也只属于企业运行机制层面的改革。总的来说，2013 年之前的铁路运输主业改革主要是从企业运行机制层次入手，以提高铁路的经营管理效率。

2．对 2013 年以来铁路改革总的判断

当前，铁路改革亟须向更深层次推进，主要表现在以下三个方面：

（1）从我国国企 40 年改革经验来看，只有从国家所有权政策、国有资产管理体制、企业治理结构、企业运行机制四个层次协同发力，才能解决企业深层次弊病，从体制机制上破除企业发展障碍，实现企业效益的突破。例如，铁路工程、建筑、机车车辆、通号、中土五大公司在 2000 年移交国资委后，通过建立现代企业制等一系列改革措施，目前中国中铁、中国铁建、中国中车、中国通号等已经发展成为具有全球竞争力的大型企业；仅从企业运行机制层面着手改革，缺乏前三个层次的有效支撑，改革往往难以深入，改革成效具有很大的局限性。

（2）从新时代铁路的新使命来看，当前铁路对于国家战略和经济社会发展具有重要作用，向更深层次推进铁路改革，不仅是铁路自身发展的需要，更是新时代铁路改革发展的必然要求。

（3）从我国铁路改革实践与探索来看，我国铁路改革长时间徘徊在企业运行机制层面，铁路服务质量得到大力提升，但铁路系统一系列深层次问题仍待解决。在根本体制上，我国铁路仍基本延续铁道部以往的经营管理体制，铁路网运公益性与经营性仍相互交织，现代企业制度尚未全面建立，铁路总公司仍面临负债庞大、还本付息持续走高的严峻压力。

13.2.4 我国铁路改革所处的历史方位

以国有企业改革的四个层次作为参照，结合我国铁路改革的实践与探索，笔者对于当前我国铁路改革历史方位的基本判断是：

（1）铁路是"一带一路"倡议、交通强国战略、乡村振兴战略、

新型城镇化战略等一系列国家战略（倡议）的共同交集，新时代铁路已被赋予新使命；

（2）我国铁路改革主要在企业运行机制层面，国家铁路系统还存在一系列深层次问题，与新时代铁路的新使命不相适应，亟须通过综合改革方案从根本上予以解决；

（3）深化铁路改革亟须从铁路国家所有权政策层次、铁路国有资产管理体制层次、铁路企业治理结构层次、铁路企业运行机制层次四个层次全面推进，实现高质量发展，从而履行新时代铁路的新使命。

13.3　当前铁路改革的关键问题

结合我国国企改革的四个层次，通过对错综复杂的铁路系统进行梳理，全面深化铁路改革亟须处理如下 12 个关键问题。

1．确定铁路国家所有权政策

目前，如何处理国家与铁路之间的关系，如何明确我国铁路的功能定位并制定具体实施政策是全面深化铁路改革在理论层面的首要关键问题[98]。

2．妥善处置铁路网运关系

铁路网运合一、高度融合的经营管理体制，是阻碍社会资本投资铁路的"玻璃门"，是铁路公益性与经营性交织的关键，是全面深化铁路改革的体制性障碍[5]。如何优化铁路网运关系，是全面深化铁路改革在技术层面的首要关键问题[97]。

3．建立铁路现代企业制度

中国铁路总公司仍然为全民所有制企业，所属十八个铁路局更名为铁路局集团公司，但现代企业制度的建立还没有实质性的突破[98]。

4．实现铁路混合所有制

当前我国铁路运输主业仅有三家企业分别依托三个上市公司作为

平台（三家企业指太原铁路局、广铁集团、中铁集装箱运输有限责任公司，三家上市公司指大秦铁路、广深铁路、铁龙物流），具有混合所有制的特点，其他企业国有资本均保持较高比例甚至达到100%[98]。

5．改革铁路投融资体制

虽然目前从国家、各部委到地方都出台了一系列鼓励社会资本投资铁路的政策，但是效果远不及预期，铁路基建资金来源比较单一的顽疾仍然存在[98][100]。

6．有效处置铁路债务

中国铁路总公司 2013—2017 年负债分别为 32 258、36 755、40 951、47 153、49 878 亿元，当年还本付息支出分别为 2 157、3 302、3 385、6 203、5 405 亿元。目前，中国铁路总公司债务已突破 5 万亿，我国铁路债务风险正逐步累积[98]。

7．优化铁路运输定价机制

目前，铁路运输定价、调价机制还比较僵化，适应市场的能力还比较欠缺。建立科学合理、随着市场动态调整的铁路运价机制，对于促进交通运输供给侧改革，促进各种运输方式合理分工，具有重要意义[98]。

8．建立铁路公益性补偿机制

当前铁路公益性补偿机制存在系统制度设计缺失、补偿对象不明确、补偿方式不完善、补偿效果不明显、监督机制缺乏等诸多问题[98]。

9．优化铁路企业运行机制

目前，铁路企业运行机制仍受制于中国铁路总公司、铁路局两级法人管理体制，在前述问题没有有效解决之前，铁路企业运行机制有效性、市场化不足[98]。

10．健全铁路监管体制

铁路行业已于 2013 年 3 月实现了政企分开，但目前在市场准入、运输安全、服务质量、出资人监管等方面的监管还比较薄弱，适应政企分开新形势的铁路监管体制尚未形成[98]。

11. 完善铁路改革保障机制

目前铁路改革的顶层设计、法律法规保障、技术支撑保障、人力资源保障、社会舆论环境等方面没有形成合力，个别方面还十分薄弱[4]。

12. 明确铁路改革目标与路径

电力、通信等关键领域改革已取得重大突破，但铁路改革仍被称为"计划经济最后堡垒"。截至目前，铁路改革的目标路径仍不明确[98][101]。

13.4 当前铁路改革的突出任务

在上述 12 个关键问题中，铁路国家所有权政策、混合所有制、投融资体制、运价机制、公益性补偿、企业运行机制、改革保障机制、监管体制、改革目标与路径等九个问题"重要但不紧急"，其中一些问题可能需要较长时间研究论证才能加以确定（如铁路国家所有权政策、公益性补偿问题），另一些问题则需要以铁路网运关系的调整、现代企业制度的建立为突破口（如铁路混合所有制、企业运行机制问题），而债务问题本身存在巨大的潜在风险。因此，本着"稳中求进"总基调推进铁路改革的原则，我们认为铁路网运关系的调整、现代企业制度的建立、铁路债务的处置是当前最为突出的三项任务。

13.4.1 铁路网运合一关系亟需调整

网运关系是铁路经营管理体制的重要组成部分，直接决定经营管理体制能否适应市场发展趋势。当前网运合一的体制是解决铁路深层次问题的体制障碍。网运关系与社会发展的不符直接导致铁路系统内部产权划分不清、职能划分不清、权责不对等，不便于根据市场需求来合理分配市场资源，并致使铁路投融资体制、公益性补偿、中长期债务问题等方面存在较多障碍。铁路作为一种网络型、超大型自然垄断企业，究竟如何处理路网与运营之间的关系，已经成为全面深化铁路改革技术层面的首要关键问题。

13.4.2 铁路现代企业制度亟须建立

规范的现代企业制度是企业良性运作的支撑和保障。2013 年铁道部撤消，实现铁路政企分开，但中国铁路总公司本级公司制改革仍然没有完成，18 个铁路局集团虽然在 2017 年基本完成了公司制改革，但是铁路现代企业制度还亟须完善，还没有形成完善的公司法人治理结构，特别是规范董事会建设还没有实质性进展。由于存在信息不对称或其他原因，个人决策的科学性客观上要低于董事会的决策，容易导致铁路改革发展中的螺旋形后退。例如，在铁路改革顶层设计未对铁路网运关系做出指导性意见之前，部分公司将铁路货运营销中心（2013 年货运组织改革时成立）重新划回车务系统的研究论证应暂停，否则相关决策可能面临较大的政策性风险。再如，18 个铁路局集团在改制后都新增了房地产业务，个别公司对增量房地产开发业务还较为积极，但这种行为在当前市场环境下存在较大风险，较为稳健的做法是在保障车站行车用房的前提下积极引入社会资本开发商旅经济，充分盘活车站存量房产。

规范董事会的建设是公司治理结构的重中之重，也是现代企业制度的重要组成部分，对于科学决策具有重要意义。董事会可严格实行集体审议、独立表决、个人负责的决策制度，平等充分发表意见，董事会做出决议，须经全体董事的半数以上通过方为有效；董事会还可设立提名委员会、薪酬与考核委员会、审计委员会等专门委员会，为董事会决策提供咨询。因此，尽早实施中国铁路总公司本级公司制改革，加快完善铁路局集团公司治理结构（尤其是规范董事会建设），是铁路现代企业制度建设的两项突出任务。

13.4.3　铁路巨额债务亟须尽早处置

近年来我国铁路网快速扩大，以及铁路改革迟迟未有实际成果，两种因素叠加导致中国铁路总公司的债务规模持续增加。目前铁路逾 5 万亿巨额债务已经严重影响了铁路运输企业的正常经营，给企业带来巨大的还本付息压力，也是社会资本不敢进入铁路企业的主要原因之一。尽管铁路债务增加最终体现为铁路优质资产的增加，而且债务风险总体可控，但是由于债务规模巨大，如不果断采取有力措施，最终可能进一步蔓延影响到其他相关产业部门，甚至危及国家财政和金融系统安全。因此，我们建议将铁路债务处置从防范化解重大风险攻坚战（重点是防控金融风险）的高度予以统筹考虑。

13.5　本章小结

（1）目前，我国铁路改革仍主要处于企业运行机制层面，在现代企业制度、公司治理结构等问题上进展不大，改革成效极其有限。为完成新时代铁路的新使命，铁路改革应从国家所有权政策层次、国有资产管理体制层次、企业治理结构层次、企业运行机制层次四个层次全面推进。

（2）全面深化铁路改革可归结为铁路国家所有权政策、网运关系调整、混合所有制、现代企业制度、投融资体制、债务处置、运价机制、公益性补偿、企业运行机制、监管体制、改革保障机制、改革目标与路径等 12 个关键问题，国家铁路系统一系列深层次问题亟须通过综合改革从根本上予以解决。

（3）铁路网运关系调整、现代企业制度建立、铁路债务处置三个问题最为紧迫，亟须在当前全面深化铁路改革中予以优先考虑与安排。

第 14 章　全面深化铁路改革路线图说明

全面深化铁路改革路线
清晰图请扫二维码查看

① 铁道部：中华人民共和国国务院原组成部门之一，是铁路事务的主管部门。根据 1949 年 9 月 27 日中国人民政治协商会议第一届全体会议通过的《中华人民共和国中央人民政府组织法》第十八条的规定，于 1949 年 10 月 1 日设置中央人民政府铁道部。2013 年 3 月，根据第十二届全国人民代表大会第一次会议审议的《国务院关于提请审议国务院机构改革和职能转变方案》的议案，实行铁路政企分开，撤消铁道部。

② 中国铁路总公司：经国务院批准，依据《中华人民共和国全民所有制工业企业法》设立，由中央管理的国有独资企业。以铁路客货运输服务为主业，实行多元化经营。负责铁路运输统一调度指挥，负责国家铁路客货运输经营管理，承担国家规定的公益性运输，保证关系国计民生的重点运输和特运、专运、抢险救灾运输。负责拟订铁路投资建设计划，提出国家铁路网建设和筹资方案建议。负责建设项目前期工作，管理建设项目。负责国家铁路运输安全，承担铁路安全生产主体责任。

中国铁路总公司各职能部处：原铁道部旧有的职能部门除公安局之外，其余部门被改换名称之后全数保留下来，此外，中铁总还增设了物资管理部等一些新的部门。中铁总的机关内设机构中，原铁道部的"司"被改成为"部"，但级别仍一样。其中：办公厅、人事部、劳动和卫计委、国际合作部、财务部、建设管理部、宣传部、中华全国铁路总工会、全国铁道团委、直属机关党委、离退休干部局仍继续保留，原政策法规司改称"发展战略与法律事务部"，原发展计划司改称"计划统计部"，原科技司改称"科技管理部"，原安全监察司改称"安全监督局"，原纪检委改称"监察局"。此外，中铁总还根据自身职能的转换和业务的需要，增加了资本运营和开发部、物资管理部、审计和考核局三个部门。

2013年3月，铁路实行政企分开。组建中国铁路总公司，承担铁道部的企业职责；不再保留铁道部（如图14-1所示）。

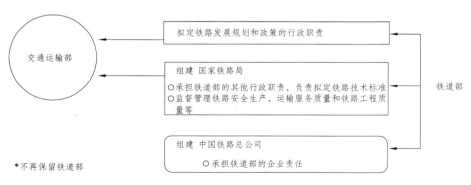

图14-1 铁路政企分开示意图

运输局：原铁道部的下属司局之一，原由综合部、运力资源部、车辆部、工务部、营运部、电务部、机务部、供电部、调度部等组成。2017年10月下旬，中铁总机关新组建"一局五部"（运输统筹监督局、客运部、货运部、调度部、机辆部、工电部）以及发展和改革部、企业管理和法律事务部、科技和信息化部、经营开发部等部门。

政企分离，成立中国铁路总公司后，原铁道部内最大的部门运输局也原封不动地由中铁总继承，运输局的下属部门仍旧由综合部、营运部、调度部、机务部、车辆部、供电部、工务部、电务部等组成，原运力资源部则被信息化部替代。

17家非运输企业：包含中国铁路建设投资公司、中国铁道科学研究院、中国铁路经济规划研究院、中铁总服务中心、中国铁路信息技术中心、中国铁道出版社、《人民铁道》报社、中国铁路专运中心、中国铁路文工团、中国火车头体育工作队、铁道第三勘察设计院集团有限公司、中铁银通支付有限公司、中国铁路发展基金股份有限公司、中国铁路国际有限公司、中国铁路财产自保有限公司。涵盖铁路投资、房地产开发、工程勘察设计、技术开发、图书报刊出版发行、物业管理等多个领域。

(31)

中国铁路投资有限公司（原中国铁路建设投资公司）：中国铁路总公司直属全资企业，前身为原铁道部于 1994 年投资设立的中铁建设开发中心，2004 年与中国铁路对外服务总公司（1982 年成立）重组为中国铁路建设投资公司。2018 年 3 月与其他两个公司（中国铁路发展基金股份有限公司、中国铁路财产自保有限公司）合并并经公司制改革后更为现名。目前，该公司经常对外代表中铁总履行出资企业出资人的职责，已与 23 家企业建立投资关系，如：中国铁路投资有限公司持有中铁特货 91.79% 的股权，持有京沪高铁股份有限公司 46.21% 的股权，持有中铁银通支付有限公司 51% 的股权，持有北京轨道交通运行控制系统国家工程研究中心有限公司 60% 的股权，等等。这也是本丛书建议将其改革为中国铁路国有资本投资运营公司（简称"中铁国投"）的主要原因。

(32)

铁路三大专业运输公司包括：中铁快运、中铁特货、中铁集装箱。

① 中铁快运（中铁快运股份有限公司）成立于 1997 年，位于北京，是中国铁路总公司直属现代物流企业。依托遍布全国的高铁列车（动车组）、旅客列车行李车、特快及快速货物班列、电商班列等铁路运输资源，为广大客户提供高铁快运、普通货物快运、货物快运和普通包裹代理等系列产品服务。根据客户个性化需求，提供"一站式"综合物流服务；

② 中铁特货（中铁特货运输有限责任公司）是中国铁路总公司直属专业运输企业，主要从事商品汽车、大件货物、冷藏货物的铁路运输；

③ 中铁集装箱（中铁集装箱运输有限责任公司）主营国内、国际集装箱铁路运输和集装箱多式联运及国际铁路联运，仓储、装卸、包

装、配送等物流服务，集装箱、集装箱专用车辆、集装箱专用设施、铁路篷布等经营和租赁业务。兼营国际、国内货运代理，以及与上述业务相关的经济、技术、信息咨询和服务业务。

各个铁路局，是我国铁路三级管理体制的重要组成部分。公司制改革前，我国一共有 18 个铁路局，分别是：哈尔滨铁路局、沈阳铁路局、北京铁路局、太原铁路局、呼和浩特铁路局、郑州铁路局、武汉铁路局、西安铁路局、济南铁路局、上海铁路局、南昌铁路局、广州铁路（集团）公司、南宁铁路局、成都铁路局、昆明铁路局、兰州铁路局、乌鲁木齐铁路局、青藏铁路公司。18 个铁路局在中国铁路总公司的统一调度指挥下，相互协调配合，共同保证铁路安全运输生产。

17 家非运输企业进行公司制改革。按照专业化、规模化、网络化的原则，深入推进非运输企业公司制改革和重组整合工作，建立科学合理的考核评价体系和经营激励机制，推动非运输企业经营资源配置优化、经营管理规范化。以骨干非运输企业为重点，整合相关资源，开展资本运营，提高非运输企业经营发展水平。此项工作已经在 2017 年下半年基本完成。

非运输企业股份制改造。如铁科院、中国铁设两家比较典型的企业。

① 中国铁路设计集团公司：目前由中国铁路总公司绝对控股，中铁国投开始运作后，可逐步转为中铁国投绝对控股，按照该公司现阶段良好的发展势头，中国铁路设计集团公司还可谋求上市，在保持中铁总控股的前提下，降低中铁总持股比例。

② 铁科院：作为资产优良的非运输类企业，可先引入其他投资者，实现股权多元化，然后在适当的时机谋求上市，实现公众化。

③中国铁路专运中心较为特殊，不应市场化。

三大专业运输公司股份制改造①。改革准备阶段推进三大专业运输股份制改造，一是学习贯彻 2019 年中央经济工作会议中关于"加快推动中国铁路总公司股份制改造"的精神，二是为后续推进铁路网运关系调整做准备。股份制改造应将三大专业运输公司的股权部分流转为社会资本，大部分仍由国资控股（铁路公益性货物运输由三大专业运输公司兜底）。在网运分离阶段，为实现三大专业公司与中铁总（及其所属 18 个铁路局集团）的分离，可先由中铁总旗下中国铁路投资有限公司控股三大专业运输公司②，其余股份流转为社会资本，等到中铁国投成立后，由中铁国投控股三大专业运输公司③。

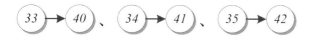

2017 年 11 月 15 日，中国铁路总公司所属 18 个铁路局均已完成公司制改革工商变更登记，并于 19 日正式挂牌，更名为铁路局集团有限公司。标志着铁路公司制改革取得重要成果，为国铁实现从传统运输生产型企业向现代运输经营型企业转型发展迈出重要一步。

---

① 考虑到中铁快运实际经营情况，建议中铁快运首先在境外尽快上市，待其符合条件之后再在 A 股上市。

② 目前，中铁特货已实现中国铁路投资有限公司控股。

③ 详见"中国铁路改革系列丛书"之《铁路改革目标与路径研究》。

中国铁路总公司进行公司制改革，更名为中国国家铁路集团公司——由国家完全控制的国有独资公司（本丛书对该项改革措施的主要思考是：中铁总首先改为国有独资公司，可尽早发挥新体制作用，为股份制改造方案论证争取时间）。

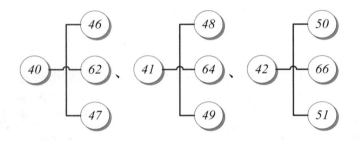

在改革准备阶段，成立若干货运、客运中心，厘清行车（路网）与货运、客运（运营）的业务与资产边界，为下一步实施运营资源整合和路网资源整合创造条件。

资产清查：开展铁路资产清查工作，防止后续改革过程中出现国有资产流失问题，资产清查将伴随铁路改革全过程。固定资产清查是企业固定资产科学管理中重要的一环，全面细致的清查不仅可以让企业多方面了解自身的固定资产使用及闲置情况，及时发现固定资产在保管、使用中存在的问题以便采取措施，也是对企业现行的管理体制、内控体系的有效检测。固定资产在铁路运输企业资产中占的比例很大，可见加强固定资产科学管理乃是铁路企业财务管理工作中的重中之重。因此，铁路运输企业的固定资产清查尤为重要。

45

明确铁路国家所有权政策，为全面深化铁路改革奠定基础。国家所有权政策是指有关国家出资和资本运作的公共政策，是国家作为国有资产所有者要实现的总体目标，以及国有企业为实现这些总体目标而制定的实施战略。目前，如何处理国家与铁路之间的关系，如何明确国有经济在铁路行业的功能定位与布局，以及国有经济如何在铁路领域发挥作用，是全面深化铁路改革在理论层面的首要关键问题。特别地，铁路装备、工程已于 2003 年前后从原铁道部分离出去，而运营与路网仍保留于铁道部内，并被中国铁路总公司继承下来，一直沿袭至今。目前，我国网络性行业仅有铁路未明确网运关系（电信、电力、油气等领域均已明确）。我们发现，铁路路网具有垄断性且以公益性为主，运营具有竞争性且以商业性为主。在网运合一、高度融合的管理体制下，路网垄断性与运营竞争性相互交织，路网公益性与运营商业性相互纠缠，这是铁路一系列深层次问题产生的体制性障碍[①]。在铁路总公司对网运关系不能形成统一意见时，建议国家层面在铁路国家所有权政策层面明确"路网宜统、运营宜分、统分结合、网运分离"为主要特点的网运关系调整原则，为解决铁路总公司一系列深层次问题创造有利条件。

若干货运中心，在 2013 年上半年，各铁路局为优化整合货运营销职能，积极适应铁路货运全面走向市场的需要，进一步推进货运组织改革，实现货运组织由内部生产型向市场导向型转变，18 个铁路局相继成立了货运营销中心。

---

① 以投融资为例，路网需要的资金是百亿级的，但运营需要的资金是十万级的，网运合一体制造成了大量规模较小的社会资本难以进入运营领域，其结果是巨额国有资本不得不配置在运营领域，加大了铁路国有资本负担。

为完成各铁路局的运营资源整合，可按照铁路货运组织改革的思路，择机成立若干客运中心，实现铁路客运组织由内部生产到市场导向的转变，全面提高铁路经营性产业的市场竞争性。

此项改革是否需要进行以及何时启动，我们认为尚需再做论证。

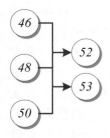

2018 年 11 月 4 日，呼和浩特铁路局集团有限公司撤消铁路货运中心（铁路货运营销中心），资源整合后成立铁路货运受理服务中心。原铁路货运中心的一部分职能划给新成立的铁路货运受理服务中心（业务上归货运部管理），由其主要负责铁路货运业务集中受理、大客户维护、装载监控、服务质量监督等；原铁路货运中心的另一部分划给货运部（货运处更名而来）。

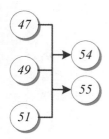

对若干客运中心进行运营资源整合，分别划分为具有竞争性和具有公益性两类，成立若干客运公司，并对承担具有竞争性的运输任务

的客运公司进行股份制改造，国资可以不参股，充分参与市场竞争。兜底公益性运输的运营公司由国资控股，此时国资控股的运营公司应由铁总控制划转为中国铁投（或中铁国投）控制（也可在铁路国有资产管理体制改革阶段完成）。

此项改革是否需要进行以及何时启动，我们认为尚需再做论证。

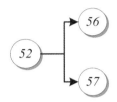

一部分货运受理服务中心逐步由三大专业运输公司（全部在第一步改成了上市公司）再融资购买，整合进入三大专业运输公司，从而做大做强三大专业运输公司（即"3+N"的"3"），这 3 家专业运输公司在混合所有制改革中可以保持国有资本控股（兜底公益性运输），此时由国资控股的 3 大专业运输公司应由中铁总控制划转为中国铁投（或中铁国投）控制（也可在铁路国有资产管理体制改革阶段完成）。另一部分货运受理服务中心将重组为若干家新的专业运输公司（即"3+N"的"N"），这 N 家专业运输公司在混合所有制改革中可以完全放开，在运输市场中充分竞争①。

分别对新成立的、充分参与市场竞争的若干货运公司和若干客运公司进行股份制改造，实现"1+18"和"3+N"的网运分离。

---

① 究竟重组为多少家专业运输公司，取决于决策层对铁路运营这一类竞争性业务的开放程度。

公益性运输业务：根据我国铁路运输的实际情况，有九项公益性特征非常明显的铁路运输业务可界定为公益性运输：抢险、救灾物资运输；支农物资运输；军运物资运输；伤残军人、学生的运输；军运、客运；市郊旅客运输；铁路支线运输；公益性铁路建设并交付运营的项目；特定物资运输。除此之外，某些区域或线路也具有公益性特点。完成社会公益性运输任务的企业（三大专业运输公司和具有公益性特点的部分客运公司）应由国家完全持股、参股或予以补贴，以保证公益性运输任务的完成。

竞争性运输业务：除上述具有公益性特点之外的其他运输。承担这部分具有商业性运输任务的企业（若干客货运公司），可以全面放开，推向市场，充分参与市场竞争。

剥离了运营业务的铁路局集团有限公司：网运分离，并实现运营资源整合后，18个铁路局集团有限公司便专门负责路网的经营和管理。

电务段：负责管理和维护列车在运行途中的地面信号与机车信号及道岔正常工作的一个专业单位。

供电段：主要负责电气化铁路的牵引供电、铁路运输信号供电、铁路地区的电力供应、电力设备的检修与保养等工作。

工务段：负责铁路线路及桥隧设备的保养与维修工作。

中国铁路路网集团有限公司：逐步将"1＋18"整合为一个路网集团公司。对全国路网进行整合，将中国铁路总公司以及剥离了客、货运业务的 18 个铁路局集团整合为一个全国统一的路网公司。负责铁路网及其相关基础设施的建设、运营、维护以及路网的统一调度。其主要职能有三个：（1）国家铁路基础设施的建设维护者；（2）国家铁路基础服务的提供者；（3）与其他各产业融合发展的主导者。

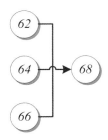

实现网运分离之后，在中国铁路总公司的主导下，由财政部引资把"1+18"整合为中国铁路路网集团有限公司（简称"中铁路网"，建议仍保持国有独资公司形式），18 个铁路局集团全部成为中铁路网的子公司，机构基本保持不变，实施全国路网整合，以期提高运输效率。至此，运营资源和路网资源全部整合完毕。

中铁路网子公司（共 18 个）：在铁路网运关系调整后，运营业务从原 18 个铁路局集团有限公司剥离，而后其主要负责路网的经营管理，从而形成了 18 个路网子公司，仍然受中国铁路路网集团有限公司管辖[①]。

工电供一体化综合维修段：工电供一体化维修模式，有利于减少过度修、重复修；有利于提高作业质量效率，减少管理成本，提高劳动生产率；有利于专业融合和相互支持配合，减少结合部，提高养护维修质量，确保作业安全和高铁运行安全。我们建议这一步放在网运关系调整基本到位之后开展。

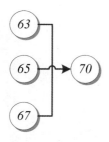

成立综合段。将工务、电务、供电合并为工电供综合段，推进实施工务、电务、供电、通信多工种管理综合化、维修一体化和大修专业化，建立与铁路发展相适应的劳动组织和生产管理模式。

---

① 作者认为，18 个铁路局集团已经运行多年，对于铁路运输安全发挥着重要作用，在全国铁路路网整合成一个路网公司之后，没有对作为路网公司子公司的 18 个铁路局集团做进一步合并或者拆分的必要。"以路网之不变，应运营之万变"，是全面深化铁路改革贯彻"稳中求进"改革总基调的具体体现。

将中国铁路投资有限公司的控制权划转划归财政部（或国资委），为后续成立中国铁路国有资本投资运营公司做准备。

财政部（中华人民共和国财政部）：是中华人民共和国国务院组成部门之一。其前身为 1949 年 10 月 1 日成立的中央人民政府财政部。主要负责拟订财税发展战略、规划、政策和改革方案并组织实施，分析预测宏观经济形势，参与制定各项宏观经济政策，提出运用财税政策实施宏观调控和综合平衡社会财力的建议，拟订中央与地方、国家与企业的分配政策，完善鼓励公益事业发展的财税政策，并承办国务院交办的其他事项。

国资委（国务院国有资产监督管理委员会）：根据国务院授权，依照《中华人民共和国公司法》等法律和行政法规履行出资人职责，指导推进国有企业改革和重组；对所监管企业国有资产的保值增值进行监督，加强国有资产的管理工作；推进国有企业的现代企业制度建设，完善公司治理结构；推动国有经济结构和布局的战略性调整。

在完成路网整合后，由财政部（或国资委）引资成立中国铁路国有资本投资运营公司（简称"中铁国投"），完善铁路国有资产管理体制，提高资源配置效率，充分发挥投资运营公司的作用，推动铁路改革。

中铁国投（即我建议成立的中国铁路国有资本投资运营公司）：以中国铁投为基础成立中铁国投，由于中铁国投经营的产品是中铁总的部分股权，因此需国务院授权财政部明确第三方购买资质，避免国有资产流失。

资本领域：成立中国铁路国有资本投资运营公司之后，可引入其他央企、国家级基金、地方国资（如各省级铁投公司）等进入。

运营领域：通过网运分离调整后，拟将铁路国有资本调整为集中于路网领域，保证国家对铁路的控制力，运营领域（除三大专业运输公司外）向社会资本全面开放，充分发挥铁路市场机制作用，释放铁路运营领域的竞争活力。然而，铁路运输经营中还包括一部分公益性运输，需由三大专业运输公司兜底，公益性客运方面仍需国家投资或补贴，故这两部分具有公益性特点的运营领域应纳入国有资本控制，相应的经营主体由中铁国投控股。

路网领域：以18个铁路局集团为基础的路网领域（不包括运营），全面实现网运分离后，中铁总只剩下路网业务，已经完成了从"中铁总"到"中国铁路路网集团有限公司"的"瘦身健体"。

装备领域：铁路装备领域主要包含中国中车和中国通号两个重要的央企。

　　中国中车（国务院国有资产监督管理委员会直接管理的中央企业）：是全球规模领先、品种齐全、技术一流的轨道交通装备供应商。主要经营铁路机车车辆、动车组、城市轨道交通车辆、工程机械、各类机电设备、电子设备及零部件、电子电器及环保设备产品的研发、设计、制造、修理、销售、租赁与技术服务，还包括信息咨询、实业投资与管理、资产管理、进出口等业务。

　　中国通号（中国铁路通信信号股份有限公司），是由中国铁路通信信号集团公司作为主发起人，联合中国机械工业集团有限公司、中国诚通控股集团有限公司、中国国新控股有限责任公司和中金佳成投资管理有限公司共同发起设立的。承继中国铁路通信信号集团公司的全部骨干企业、资质、主营业务。企业主要负责铁路机车、车辆、动车组以及铁路、城市轨道交通通信信号系统集成、研发设计、设备制造、施工等装备领域业务。

　　工程领域：铁路工程领域主要包括中国中铁和中国铁建两个重要的央企。

　　中国中铁（中国铁路工程集团有限公司），成立于1950年3月，总部位于北京，是一家集基建建设、勘察设计与咨询服务、工程设备和零部件制造、房地产开发、铁路和公路投资及运营、矿产资源开发、物资贸易等业务于一体的多功能、特大型企业集团，也是中国和亚洲最大的多功能综合型建设集团，现属国务院国有资产监督管理委员会管理。

中国铁建（中国铁道建筑有限公司），是国务院国有资产监督管理委员会管理的特大型建筑中央企业，注册资本123.38亿元，是中国乃至全球最具实力、最具规模的特大型综合建设集团之一。主要提供基础设施建设任务、勘察设计与咨询服务、工程设备及零部件制造业务、房地产开发业务等与铁路相关的产品。

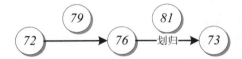

在铁路网运关系调整后，由财政部引资成立中国铁路路网集团有限公司。在铁路国有资产管理体制改革阶段，建议由国家将路网领域的股权授权划转给中铁国投，将中铁路网由财政部履行出资人职责调整为由中铁国投履行出资人职责。

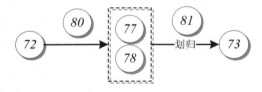

在铁路国有资产管理体制改革阶段，建议将原来由国资委管理的铁路装备领域和工程领域的股权，由国家授权转让给中铁国投。

将路网领域、装备领域、工程领域以及运营领域（具有公益性特点的部分）的股权全部划转给中铁国投后，由中铁国投代表国家行使出资人职责。

中国铁路路网集团有限公司引入社会资本，进行混合所有制改革，但必须始终保持国有资本投入占 51% 及以上，保证国家对路网的绝对控制权。至此，全面推进中铁总股份制改造，落实 2019 年中央经济工作会议精神取得初步成果。（详见丛书之《铁路改革目标与路径研究》）

一系列改革措施的全面落实，还需要各领域、多方面的配套改革同步推进。

铁路国家所有权政策问题是全面深化铁路改革理论层面的首要关键问题，全面深化铁路改革应首先明确铁路国家所有权政策，但该问题较为复杂，须在"六步走"铁路改革落实后继续研究并进一步完善。（有关内容可参见《铁路国家所有权政策研究》）

铁路网运关系调整是全面深化铁路改革实践层面的首要关键问题，只有首先实现铁路网运分离，后续改革才有更深层次的依据和深入推进的条件。但网运合一的运输组织模式根深蒂固，网运关系调整还需从顶层设计予以明确。有关内容可参见（《铁路网运关系调整研究》）

完善现代企业制度：就是要改革传统企业经营管理体制，使所有者、经营者和生产者之间，权力机构、决策机构、监督机构之间形成各自独立、权责分明、相互制约的关系，并通过法律和企业章程得以实现。只有当统分结合的网运分离实施后，铁路系统内部形成多个国有资产控股企业，才可能建立起现代企业制度，促进铁路国家所有权政策的实施。在全面深化铁路改革的实践中要逐步完善现代企业制度，（有关内容可参见《铁路现代企业制度研究》）

加快推进混合所有制改革：2018 年 12 月 19 日—21 日，中央经济工作会议在北京举行，会议提出要加快实现从管企业向管资本转变，改组成立一批国有资本投资公司，组建一批国有资本运营公司，积极推进混合所有制改革，加快推动中国铁路总公司股份制改造，这是当前国家铁路系统学习贯彻中央经济工作会议精神的首要任务。（有关内容可参见《铁路混合所有制研究》）

铁路投融资体制研究：我国铁路建设资金结构不合理、投融资渠道单一的现象长期存在，直接导致铁路中长期负债规模不断增大，铁路债务风险持续累积。投融资体制改革是当前全面深化铁路改革的关键问题之一，打破社会资本投资铁路的"玻璃门"刻不容缓。（有关内容可参见《铁路投融资体制研究》）

铁路债务处理研究：2005 年以来我国铁路建设规模和债务规模急剧扩大，导致铁路债务规模及其增速都已到了非常严重的程度。铁路未来长期大幅度的运营亏损不容乐观，因此铁路在债务偿还方面面临极大挑战。妥善处理铁路债务问题是全面深化铁路改革的关键问题之一。（有关内容可参见《铁路债务处置研究》）

铁路运输定价机制改革：我国铁路运输在多年的发展历程中曾长期处于政企合一、运价水平偏低的经营状态，在多种运输方式迅速发展、市场经济不断深入的环境下，定价体系陈旧、价格调整周期长等问题日渐凸显。这已与当前我国铁路改革发展要求不相适应，铁路运输定价机制改革已成为全面深化铁路改革的关键问题之一。（有关内容可参见《铁路运输定价机制改革》）

铁路公益性补偿机制研究：我国国情和路情决定了铁路必须承担公益性运输服务。铁路公益性是指出于国家利益和社会利益的考虑，铁路服务使公共集体获得利益，而自己的收益却小于成本或者甚至没有收益。铁路公益性补偿机制是当前全面深化铁路改革的关键问题之一。近年来我国大力开展国企改革工作，铁路作为国企改革的重要对象之一，企业改革持续推进，铁路公益性问题的解决方案也必须跟上铁路改革的步伐，防止公益性问题成为铁路未来发展过程中的短板。为此，我国现阶段迫切需要完成铁路公益性补偿机制的建立。（有关内容可参见《铁路运公益性补偿机制研究》）

铁路企业运行机制研究：企业运行机制与企业效益直接相关，而国家所有权政策是国有企业发展和管控的根源，国有资产管理体制是实现国家所有权政策的有效途径，企业治理结构则是沟通连接企业与国家的骨架。作为与企业效益直接相关的企业运行机制，其高效运作需要国家所有权政策的引导以及"资产管理"和"治理结构"的支撑。（有关内容可参见《铁路企业运行机制研究》）

铁路监管体制研究：我国铁路监管体制存在缺乏顶层设计，铁路政策性负担沉重、发展任务重，监管机构独立性弱且监管职能比较分散，监管手段缺失，缺乏监管监督评估机制，经济监管缺乏，监管存在信息不对称现象等问题，与当前铁路改革发展要求不相适应。铁路监管体制改革已经成为全面深化铁路改革的关键问题之一。（有关内容可参见《铁路监管体制研究》）

铁路改革保障机制研究：全面深化铁路改革涉及经济社会各方面的利益，仅依靠行政命令等形式推进并不可取。只有在顶层设计、法律法规、技术支撑、人力资源以及社会舆论等保障层面形成合力，完善铁路改革工作保障机制，才能推进铁路改革各阶段工作的有序进行。（有关内容可参见《铁路改革保障机制研究》）

铁路改革目标与路径研究：当前，铁路改革的广泛性、深刻性前所未有。从现实情况看，全面深化改革需要解决的问题也远比以往更为敏感和复杂，任务更加艰巨而繁重。从推进改革的方式看，全面深化铁路改革的系统性、整体性、协同性要求更是前所未有。现阶段，随着经济建设、政治建设、文化建设、社会建设、生态文明建设的不断深化，任何一个领域的改革都会影响到其他领域，需要其他领域改革的配合。不同领域的改革可以有先有后、有主有次、有快有慢，但必须统筹兼顾、协同推进，而不能各自为政、畸轻畸重。只有各方面改革相互促进，发生化学反应，产生共振效果，才能放大改革的效应。故一个系统、全面的铁路改革目标路径研究必不可少。（本路线图可作为铁路改革的大致思路，详细的铁路改革目标路径等有关内容可参见《铁路改革目标与路径研究》）

参考文献 ....

[1] 张用刚，贾小梁. 日本国铁、电信电话公司的民营化及其启示[J]. 企业管理，1992（10）：46-48.

[2] 莫蒂默 L. 唐尼. 美国铁路发展政策中的政府作用[J]. 中国铁路，2016（10）：47-49.

[3] 呼志刚. 英国铁路路网公司的运营与管理[J]. 铁道运输与经济，2006（12）：55-58.

[4] 孙萍. 日本铁路改革及启示[J]. 辽宁广播电视大学学报，2007（1）：95-96.

[5] 黄群慧. 国企发展进入"分类改革与监管"新时期[J]. 中国经济周刊，2013（42）：20-22.

[6] 李国营. 浅析新形势下国有企业混合所有制改革[J]. 商，2014（16）：58.

[7] 陈小洪，赵昌文. 新时期大型国有企业深化改革研究[M]. 北京：中国发展出版社，2014.

[8] 鲁桐. 深化国企改革亟须制定国家所有权政策[J]. 中国国情国力，2015（3）：23-25.

[9] 张东操. 南北拆分没打破垄断竞争[J]. 数字通信，2003（06）：84.

[10] 《中国通信年鉴》编辑部. 中国通信年鉴[M]：北京：人民邮电出版社，2017.

[11] 张越. "铁塔"成立，"网业分离"的前奏[J]. 中国信息化，2014

（16）：50-51.

[12] 赵坚，汤浒，崔莎娜. 我国铁路重组为三大区域铁路公司的设想[J]. 综合运输，2012（7）：28-32.

[13] 汤浒，赵坚. 国外铁路重组的实践对中国铁路改革的启示[J]. 综合运输，2016，38（5）：15-20.

[14] 铁道部办公厅. "网运分离"：中国铁路运输管理体制改革的基本思路[J]. 铁道经济研究，2000，3（2）：5.

[15] 魏际刚. 新时期深化铁路体制改革思路研究[J]. 港口经济，2016（4）：16-20.

[16] 左大杰. 基于统分结合的铁路网运分离经营管理体制研究[J]. 综合运输，2016，38（3）：23-35.

[17] 人民出版社. 中共中央关于全面深化改革若干重大问题的决定[M]. 北京：人民出版社，2013.

[18] 毛立言. 关于现代企业制度的新思考[J]. 经济纵横，2012（11）：12-19.

[19] 牛文涛. 网络型产业的组织优化研究——以电信业为例[D]. 成都：西南财经大学，2013.

[20] 国建华. 铁路运输业的基本属性[J]. 中国铁路，2005（5）：16-20.

[21] 张晓京. 电力体制改革方案[J]. 中国电力企业管理，2002（5）：7-9.

[22] 关于"十一五"深化电力体制改革的实施意见[J]. 中国电力企业管理，2007（10）：6-7.

[23] 国家发改委. 国务院批转发展改革委关于 2013 年深化经济体制改革重点工作意见的通知[J]. 司法业务文选，2013（29）：8-13.

[24] 世纪新能源网. 关于进一步深化电力体制改革的若干意见（中发〔2015〕9 号）文）[EB/OL]. [2016-01-06]. http://www.ne21.com/news/show-64828.html.

[25] 中研网. 国务院通过"新版电力体制改革方案"[EB/OL]. [2016-01-06]. http://www.chinairn.com/news/ 20141226/111611882.html.

[26] 李军. 我所经历的几个改革片段[EB/OL]. [2016-01-06]. http://www.caac.gov.cn/D1/60ZNQD/JZMH/200907/t20090720_26821.html.

[27] 中国民航局. 中国民航改革开放三十周年回顾[EB/OL]. [2016-01-06]. http://www.caac.gov.cn/A1/200812/t20081219_20911.html.

[28] 何德文，廖周伟. 铁路施工企业的现代企业制度改造[J]. 西南民族大学学报（哲学社会科学版），1998（02）：124-127，148.

[29] 左大杰. 铁路网运分离的必要性与实施路径[J]. 综合运输，2013（7）：44-46.

[30] 齐亚芬. 探索国企混合所有制改革的发展路径[J]. 环渤海经济瞭望，2018（11）：10-12.

[31] 林晓华. 混合所有制视角下的国有企业改革探讨[J]. 邢台学院学报，2018（4）：87-89，93.

[32] 赵小军. 铁路系统建立现代企业制度[J]. 科技视界，2014（9）：210，307.

[33] 曹宁宁. 铁路企业推进混合所有制改革的探讨[J]. 铁道经济研究，2018（2）：5-8.

[34] 段海. 以法治思维和方式推进混合所有制改革[J]. 现代国企研究，2015（21）：19-22.

[35] 孙林. 关于完善铁路立法有关问题探讨[J]. 铁道运输与经济，2001（6）：9-10.

[36] 左大杰，张瑞婷，李斌，曾江. 中国国亟须综合改革方案[J]. 综合运输，2016，38（3）：13-23，16.

[37] 新华社. 中共中央、国务院关于深化投融资体制改革的意见[EB/OL]. [2016-08-24]. http://news.xinhuanet.com/politics/2016-07/18/c_1119238057.html.

[38] 王元龙. 民间资本的发展及其金融选择[J]. 武汉金融，2011（2）：4-10.

[39] 孙春芳. 四大行入股铁路发展基金 多项措施补充资金制品[EB/OL]. [2016-11-02]. funds.hexun.com/2014-12-10/171265518.html.

[40] 孔祥鑫. 京津冀及铁总投百亿成立城铁投资公司出资比 3∶3∶3∶1[EB/OL]. [2015-01-17]. http://www.redjun.com/a/wenhua/caijing/2014/1230/280498.html.

[41] 中国财经报. 全国金融机构理财资金账面余额达 12.65 万亿[EB/

OL]. [2015-01-04]. http://finance.china.com.cn/roll/20140815/ 2615294.html.

[42] 21世纪经济报道. 铁总三季报亏损34亿负债3.5万亿 内部自称银行打工仔[EB/OL]. [2014-11-21]. http://finance.sina.com.cn/chanjing/gsnews/20141104/102120725683.html.

[43] 舒剑秋. 对铁路投融资体制改革的探讨[J]. 理论学习与探索, 2014（4）: 34-38.

[44] 中研网. 国务院通过"新版电力体制改革方案"[EB/OL]. [2015-01-04]. http://www.chinairn.com/news/20141226/111611882.html.

[45] 中国民航局. 中国民航改革开放三十周年回顾[EB/OL]. [2014-12-16]. http://www.caac.gov.cn/A1/200812/t20081219_20911.html.

[46] 婉蓉. 中国通信设施服务股份有限公司今日挂牌成立[EB/OL]. 通信产业网.（2014-07-18）[2015-01-04]. http://www.ccidcom.com/html/yaowen/201407/18-230622.html.

[47] 肖凤娟. 中国投融资体制的历史变迁和当前改革的关键[J/OL]. 中央财经大学学报, 2012（6）: 23-28.

[48] 卢春房. 铁路建设项目投资控制理念和方法创新[J]. 管理世界, 2009（5）: 1-5.

[49] 黄民. 铁路公益性理论·识别·实证[M]. 北京: 中国铁道出版社, 2005.

[50] 路炳阳. 左大杰: 铁路深化改革必须打破网运合一[EB/OL].（2016-03-08）[2016-03-30]. http://special.caixin.com/2016-03-08/100917592.html.

[51] 中华人民共和国国家统计局. 2013交通运输行业利润率[EB/OL]. 国家数据网[2014-12-29]. http://data.stats.gov.cn/workspace/index?m=fsnd.

[52] 左大杰. 铁路网运分离的必要性与实施路径[J]. 综合运输, 2013（07）: 44-46.

[53] 左大杰. 基于统分结合的铁路网运分离经营管理体制研究[J]. 综合运输, 2016（3）: 24-35.

[54] 天职国际会计事务所. 中国铁路总公司2013年度审计报告, 8620[R]. 2014.

[55] 天职国际会计事务所. 中国铁路总公司 2014 年度审计报告，9743[R]. 2015.

[56] 天职国际会计事务所. 中国铁路总公司 2015 年度审计报告，11096[R]. 2016.

[57] 天职国际会计事务所. 中国铁路总公司 2016 年度审计报告，11719[R]. 2017.

[58] 崔艳萍，侯敬. 关于德国铁路改革的探讨[J]. 铁道运输与经济，2013（7）：94-97.

[59] 中国地方铁路协会考察团. 法国地方铁路的改革及其启示[J]. 中国铁路，2003（4）：54-56.

[60] 程雪. 中国建设银行股份制改造和上市研究[D]. 北京：中央财经大学，2006.

[61] 黄玲颖，韩宝明，颜颖. 我国客运专线应用收益管理的可行性分析[J]. 铁道运输与经济，2008，335（3）：7-10.

[62] 宗小波. 竞争导向的铁路客票定价研究[D]. 成都：西南交通大学，2014.

[63] 陈颖，杨晓. 通道货运分担率预测的 LOGIT 模型特性变量选取[J]. 价值工程，2013，32（1）：12-13.

[64] 李念. 国有企业经理人监督系统建模及经济效果研究[D]. 北京：华北电力大学，2015.

[65] 张学海. 垄断行业定价的博弈分析——以铁路票价制定为例[J]. 经济与管理，2006（6）：88-90.

[66] 新华社. 中共中央、国务院关于深化国有企业改革的指导意见[EB/OL]. [2019-01-15]. http://www.gov.cn/zhengce/2015-09/13/ content_2930440.htm.

[67] 国资委. 关于国有企业功能界定与分类的指导意见 [EB/OL]. [2019-01-15]. http://www.gov.cn/gongbao/content/2016/content_5061700.htm.

[68] 吴敬琏. 公立医院公益性问题研究[J]. 经济社会体制比较，2012（4）：13-20.

[69] 孙敏，王玲，张迪. 关于铁路公益性理论的研究[J]. 铁道运输与经济，2015（1）：1-4，65.

[70] 张爱梅. 探讨铁路公益性运输补偿机制的建立[J]. 上海铁道科技, 2012（1）：16-18.

[71] 林晓言, 徐建平, 褚珊. 铁路公益性运输服务补贴机制研究[J]. 铁道经济研究, 2015（2）：6-13.

[72] 陈小共, 赵昌文. 新时期大型国有企业深化改革研究——制度变革和国家所有权政策[M]. 北京：中国发展出版社, 2014.

[73] 宁向东. 国有企业改革与董事会建设[M]. 北京：中国发展出版社, 2013.

[74] 冯姗姗, 吴文娟, 周浪雅. 日期民营铁路商业经营模式的探讨[J]. 铁道运输与经济, 2015, 37（02）：67-74.

[75] 刘宇. 改革开放四十年我国铁路行业的转型质效与深改探索——基于公共管理视角[J]. 华东经济管理, 2018, 32（12）：32-41.

[76] 林雪梅. 铁路行业的政府监管体制研究[D]. 成都：西南交通大学, 2013.

[77] 王磊. 我国铁路监管改革现状、存在的问题及完善思路[J]. 中国物价, 2015（5）：28-31.

[78] 王镠莹, 方奕. 国外铁路市场监管及对我国的借鉴[J]. 中国铁路, 2014（9）：6-10.

[79] 王俊豪. 中国电信管制机构改革的若干思考——以美国联邦通信委员会为鉴[J]. 经济管理, 2003（8）：81-85.

[80] 白金亚. 国有企业分类监管体制改革研究——基于国企功能定位的法治思考[J]. 上海市经济管理干部学院学报, 2017, 15（6）：23-31.

[81] 张迪. 我国铁路公益性运输补贴政策研究[D]. 北京：北京交通大学, 2015.

[82] 陈博. 政企分开后铁路改革相关法律问题研究[D]. 北京：中国社会科学院研究生院, 2014.

[83] 耿枢馨. "走出去"背景下加强我国铁路企业对外宣传能力的策略研究[J]. 中国铁路, 2016（9）：23-26.

[84] 马哲, 王振. 铁路与城市轨道交通行业发展趋势及人才供求预测研究[J]. 河南教育（职成教版）, 2017（2）：18-19＋27.

[85] 钱征宇. 适应铁路改革发展形势　扎实推进技术标准工作——在 2016 年度铁路总公司技术标准工作会上的讲话[J]. 铁道技术监督，2016（7）：1-5.

[86] 匡敏，韩富强. 我国铁路技术规章体系优化研究[J]. 铁道运输与经济，2018（9）：121-126.

[87] 刘卫国. 现代化、信息化、数字化、智能化及其相互关系[J]. 中国铁路，2011（1）：83-86.

[88]《关于深化国有企业改革的指导意见》编写组.《关于深化国有企业改革的指导意见》学习读本[M]. 北京：中国经济出版社，2016.

[89]《中共中央关于全面深化改革若干重大问题的决定》编写组.《中共中央关于全面深化改革若干重大问题的决定》辅导读本[M]. 北京：人民出版社，2013.

[90] 中共中央宣传部. 习近平总书记系列重要讲话读本[M]. 北京：学习出版社，人民出版社，2014.

[91] 李克强. 政府工作报告：2016 年 3 月 5 日在第十二届全国人民代表大会第四次会议上[M]. 北京：人民出版社，2016.

[92] 左大杰. 铁路网运分离的必要性与实施路径[J]. 综合运输，2013，35（7）：44-46.

[93] 左大杰，李斌，朱健梅. 全面深化铁路改革目标与路径研究[J]. 综合运输，2016，38（8）：19-24.

[94] 左大杰. 基于统分结合的铁路网运分离经营管理体制研究[J]. 综合运输，2016，38（3）：24-35.

[95] 陈小洪，赵昌文. 新时期大型国有企业深化改革研究——制度变革和国家所有权政策[M]. 北京：中国发展出版社，2014.

[96] 宁向东. 国有企业改革与董事会建设[M]. 北京：中国发展出版社，2013.

[97] 滕勇. 铁路管理体制改革概述[J]. 中国集体经济，2008（12）：66-67.

[98] 左大杰，李斌，薛锋. 铁路改革发展的风险、挑战与对策研究[J]. 综合运输，2017，39（8）：26-29.

[99] 左大杰. 基于统分结合的铁路网运分离经营管理体制研究[J].

综合运输，2016，38（3）：24-35.

[100] 左大杰，李斌，朱健梅. 全面深化铁路投融资体制改革研究[J].
综合运输，2016，38（9）：19-24.

[101] 左大杰，李斌，朱健梅. 全面深化铁路改革目标与路径研究[J].
综合运输，2016，38（8）：19-24.

[102] 编写组.《关于深化国有企业改革的指导意见》学习读本[M]. 北
京：中国经济出版社，2016.

[103] 本书编写组.《中共中央关于全面深化改革若干重大问题的决
定》辅导读本[M]. 北京：人民出版社，2013.

[104] 中共中央宣传部. 习近平总书记系列重要讲话读本[M]. 北京：
学习出版社，人民出版社，2014.

[105] 李克强. 政府工作报告：2016 年 3 月 5 日在第十二届全国人民
代表大会第四次会议上[M]. 北京：人民出版社，2016.

[106] 赵坚，汤浒，崔莎娜. 我国铁路重组为三大区域铁路公司的设想
[J]. 综合运输，2012，34（7）：28-32.

[107] 左大杰. 铁路网运分离的必要性与实施路径[J]. 综合运输，
2013，35（7）：44-46.

[108] 魏际刚. 新时期深化铁路体制改革思路研究[J]. 发展研究，2016
（3）：4-7.

[109] 左大杰，张瑞婷，李斌，曾江. 中国铁路亟需综合改革方案[J]. 综
合运输，2016，38（3）：17-23.

[110] 左大杰，马寓，曾江. 全面深化铁路改革备选方案的比较研究[J].
综合运输，2016，38（3）：36-41.

[111] 左大杰. 基于统分结合的铁路网运分离经营管理体制研究[J].
综合运输，2016，38（3）：24-35.

    在国有企业全面改革的历史进程推动下，中国铁路也经历了较长时间的改革探寻和实践，但整体改革进程推进缓慢，暂未取得突破性的进展。而铁路作为国民经济的大动脉以及综合运输体系的骨干，在继续全面深化改革和扩大开放的新时期，应当以高质量、高水平的服务迎接新时期市场提出的新考验，新时期全面深化铁路改革的主要目标应该包括如下几个方面：（1）确定铁路的国家所有权政策；（2）妥善处置铁路网运关系；（3）建立铁路现代企业制度；（4）实现铁路混合所有制；（5）改革铁路投融资体制；（6）有效处置铁路债务；（7）制定铁路运输定价机制；（8）建立铁路公益性补偿机制；（9）制定铁路企业运行机制；（10）健全铁路监管体制；（11）完善铁路改革保障机制；（12）明确铁路改革目标路径。基于对实现上述全面深化铁路改革主要目标的探索，我们经过广泛调研并根据党和国家有关政策，初步形成了一系列研究成果，定名为"铁路改革研究丛书"，主要包括 12 本专题和 3 本总论。

    本书是铁路改革研究丛书的 3 本总论之一，主要包括全面深化铁路改革的主要思路和整体构思，并以路线图的形式形象地展现出铁路改革各阶段的目标与路径。

    本书立足于全面深化铁路改革的宏观高度，首先结合铁路改革发展现状，从铁路改革发展的全局出发，针对铁路改革亟须解决的 12 个关键问题提炼出系列改革基本思路；接着对铁路改革的历史方位、关键问题、突出任务进行了清晰的阐释，强化了铁路改革的迫切性和必要性；最后以路线图的形式反映出全面深化铁路改革的整个过程，可供我国当前深化铁路改革工作参考。

　　总体来说，本书内容丰富，涉及面广，政策性极强，实践价值高，写作难度很大。但是，考虑到当前铁路改革发展的严峻形势，亟须出版铁路改革研究丛书以表达作者的思考与建议。本书作为"铁路改革研究丛书"的总体构想与实施路线部分，以期从全局角度构筑全面深化铁路改革的完整体系，但是本书对于若干关键问题的阐述可能还不够深入，存在考虑不周、甚至错误之处，恳请专家与读者提出宝贵意见和建议，以便再版时修改、完善。

　　西南交通大学黄蓉、陈瑶、丁祎晨、唐莉、王孟云、乔正、诚则灵、任尊、雷之田、戴文涛、曹瞻、胡万明、李斌、张瑞婷、池俞良、马寓、曾江、赵柯达、杨明宇、霍跃、宗小波、熊超、卓华俊、罗桂蓉、徐莉、孙晓斐、李岸隽、陆柳洋、谢媛娣、徐跃华、丁聪、石晶等同学在本书撰写工程中承担了大量的资料收集、整理工作。感谢他们为本书的撰写和出版所做出的重要贡献。

　　最后，感谢所有关心"铁路改革研究丛书"和为本书编写做出贡献的专家、学者以及铁路系统相关同志。

左大杰
2018 年 11 月 2 日